西安交通大学"十四五"规划教材

传统武术和健康

CHUANTONG WUSHU HE JIANKANG

主编 陈善平 副主编 张斌南 吴玉静 姚明霞

西安交通大学出版社
XI'AN JIAOTONG UNIVERSITY PRESS

国家一级出版社
全国百佳图书出版单位

图书在版编目(CIP)数据

传统武术和健康 / 陈善平主编. — 西安：西安交通大学
出版社，2021.9
ISBN 978-7-5693-1971-2

Ⅰ. ①传… Ⅱ. ①陈… Ⅲ. ①武术-关系-健康-研究-中国
Ⅳ. ①G852 ②R161

中国版本图书馆 CIP 数据核字(2021)第 025816 号

书　　名	传统武术和健康
主　　编	陈善平
责任编辑	王建洪
责任校对	袁　娟
封面设计	任加盟

出版发行	西安交通大学出版社
	(西安市兴庆南路 1 号　邮政编码 710048)
网　　址	http://www.xjtupress.com
电　　话	(029)82668357　82667874(市场营销中心)
	(029)82668315(总编办)
传　　真	(029)82668280
印　　刷	西安日报社印务中心

开　　本	787mm×1092mm　1/16　　**印张** 13.625　　**字数** 338 千字
版次印次	2021 年 9 月第 1 版　　2021 年 9 月第 1 次印刷
书　　号	ISBN 978-7-5693-1971-2
定　　价	39.80 元

发现印装质量问题,请与本社市场营销中心联系、调换。
订购热线:(029)82665248　(029)82665249
投稿热线:(029)82665379
读者信箱:xj_rwjg@126.com

编委会

主　编：陈善平

副主编：张斌南　吴玉静　姚明霞

编　委：洪　流　潘秀刚　宋绍鹏

前　言

中华武术,源远流长,是中国传统文化中的一颗璀璨的明珠,是中华民族在长期的实践中,逐步积累和丰富起来的一项宝贵的文化遗产。它经过不断的创新、提炼和发展,逐渐形成了包括各种拳械套路和对抗运动形式,并注重内外兼修的中国传统体育项目。它不仅具有强身健体、防身自卫、竞技比赛、表演娱乐、交流技艺、增进友谊、陶冶情操等作用,而且其独特的历史文化背景,非常有利于在教学活动中对学生实施传统文化教育、爱国主义教育和品德教育,是学校体育立德树人教育的有效载体。

在课程思政方针的指引下,结合西安交通大学武术系列课程教学改革发展的实际需要,我们对 2000 年编写的西安交通大学武术系列教材进行了改编。西安交通大学武术课程有着悠久的历史,在建校之初,武术社团就是学校最大的学生社团。在 20 世纪 90 年代初西安交通大学进行体育选项课程改革时,武术是最早开设的课程之一。在几位武术教师的共同努力下,武术选项课程在最初的初级拳术套路教学基础上,增加了武术散打和太极拳课程,二十四式简化太极拳作为西安交通大学目标教学课程,成为本科生的必学内容。特别是近二十年,为了加强传统文化教育和爱国主义教育,不断增加学生喜欢的武术内容,总共设置了十余项武术类体育选项课程和武术类选修课程。

本次教材编写在 2000 年教材版本的基础上增加了新开设课程的内容,同时根据西安交通大学武术类课程教学的实际需要,加入了武德教育、传统文化教育等内容。由于内容相对较多,为了方便学生学习和拓展相关知识,我们对教材进行了整合,将其分成两册。第一册《传统武术和健康》包含了大学体育课程中的长拳、太极拳、初级剑、射艺以及健身气功等内容,第二册《现代搏击运动》包含了大学体育课程中的拳击、散打、跆拳道、软式擒拿和太极推手等内容。

《传统武术和健康》由陈善平担任主编,张斌南、吴玉静、姚明霞担任副主编。参加编写人员及分工如下:第一、二章由陈善平编写,第三章由陈善平、张斌南、姚明霞编写,第四、五章由吴静玉编写,第六、七章由张斌南、姚明霞编写,全书由陈善平负责统稿。

本书的出版得到了西安交通大学“十四五”规划教材建设项目(重点项目)资助,得到了西安交通大学出版社的大力支持,谨致谢意。

限于编者水平,书中难免有不妥之处,衷心希望读者给我们提出宝贵的意见和建议,以便在后续修订中加以修改和完善。

编　者

2021 年 5 月

目 录

第一章　武术概述

中华武术,源远流长,是中国传统文化中一颗璀璨的明珠,是中华民族在长期的实践中,逐步积累和丰富起来的一项宝贵的文化遗产。它经过不断的创新、提炼和发展,逐渐形成了包括各种拳械套路和对抗运动形式,并注重内外兼修的中国传统体育项目。它具有强身健体、防身自卫、竞技比赛、表演娱乐、交流技艺、增进友谊、陶冶情操等作用,深受广大群众的喜爱。

第一节　武术的概念

武术的概念是人们认识、研究武术的基本依据。在漫长的历史进程中,不同的历史时期,人们对武术概念的表述不尽相同。在原始社会,武术是指人们狩猎活动中的"搏击",春秋战国时称为"技击",汉代称为"武艺",并沿用到明末。"武术"一词,最早见于南朝梁昭明太子萧统《文选》中的"堰闭武术,阐扬义令",这里的武术,是指军事技术,一般称为"技击"和"武艺"。民国初期称"国术""功夫"。新中国成立后统称为"武术"。随着社会的发展、变迁和进步,随着专用武术器械的产生、拳械套路的大量出现和武术竞赛规则的规定,武术已演化成为现代体育运动项目之一,其内容、形式和训练手段等都发生了很大的变化,反映其本质属性的概念也应该随之变化,这就需要对武术进行科学的定义。

1988 年 12 月,国家体委武术研究院、中国体育科学学会武术学分会在北京召开了"全国武术学术专题研讨会",在研讨会上,武术被定义为:武术是以技击动作为主要内容,以套路和格斗为运动形式,注重内外兼修的中国传统的体育项目。从此,武术有了比较完整、准确、科学的概念。这一概念体现了武术的以下特点。

一、武术的本质属性是技击性

武术的技击内容源于原始社会的狩猎技术,它在古代军事斗争中得到了迅速的发展,并在现代武术运动中得到了广泛的应用。武术是我国历代人民群众在实践中将零乱的攻防技术不断综合整理、发展,并用套路形式提炼出来的技术体系。它的技击性是沟通原始狩猎技术、古代军事技术和现代武术运动技术的内在联系,是武术区别于其他体育运动项目的本质属性。因此,武术的概念必须反映其本质属性——技击性及其技术范畴,如徒手的踢、打、摔、拿和器械的劈、砍、扎、击、刺等攻防格斗技法。

二、武术的运动形式是对抗格斗和套路演练

武术的概念不仅要反映武术的本质属性,而且要反映武术的运动形式。武术在长期的发展过程中形成了对抗格斗和套路演练两种基本运动形式,它们平行存在,相互补充。对抗格斗是武术攻防技术在双方直接对抗中的应用,套路演练是武术攻防技术具有一定艺术性的体现,两者有着密切的内在联系。通过对抗性练习,可以提高攻防技术,具有强健体魄、防身自卫价值;通过套路练习,既能掌握一定的攻防技能,又能熟练地展示武术的艺术性,具有观赏审美价

值。武术概念反映的运动形式既属于体育范畴,又区别于其他体育项目。

三、武术的文化渊源是中国传统文化

武术在长期发展过程中,受中国传统文化、民族习俗和宗教思想的影响,自然地融会了中国传统的易学、哲学、中医学、伦理学、军事学、美学、养生等多种文化思想和文化观念,逐渐形成了独具民族特色的武术文化体系。它内涵丰富、寓意深邃,既具备了人类体育运动强身健体的共同特性,又有中华民族所特有的哲理性、科学性和艺术性,较集中地体现了中国人民在体育运动中的智慧。

第二节　武术的形成与发展

武术是随着中国社会形态和社会生产力的发展变化而成长壮大的,其形成与发展变化过程,大致可分为以下几个历史时期。

一、武术萌生于原始社会时期

中国武术的起源,可以追溯到原始社会时期。在生产劳动和狩猎过程中,原始人不仅创制了大量的生产工具(同时又是武器),如石锤、石刀、石尖嘴凿、骨器、木棍等,而且在与禽兽的斗争中,人们学会了奔跑、跳跃、闪躲、滚翻、拳打、脚踢,以及运用石器、木棒进行劈、砍、刺等技能,这些原始形态的攻防技能经过长期的积累和发展,逐渐形成了击刺的技巧、攻防的姿势与动作,并产生了自觉运用这些技巧的观念。由此可见,武术最早起源于生产劳动。武术不仅萌芽于人与兽斗,还源于人与人斗。到了氏族公社时代,部落之间经常发生战争,使用武力成为掠夺财富的一种最主要的手段,这种战争促进了武术的产生。这一时期武术发展的主要特征如下。

(一)武器随着战争的需要得到了不断的发展

新石器时期出现了多种石兵器,除石刀外,有石枪、石矛、石戈、石斧、石铲、石槌等,而且还发明了弓箭,这是武器发展的巨大进步。

(二)攻防格斗技能得到了提高

人们在战争中使用武器,同时积累了使用的经验,经过归纳和总结,便从实践中萌生了武术的技击技术。

(三)萌生了武舞

原始社会人们为适应战争的需要,进行战斗的演习和操练,以熟悉战斗的技击动作和应有的群体组合,产生了武舞。这种武舞不仅是武术技术的演练,而且还有武艺表演、宣扬武威的作用。

(四)萌生了武术比赛

在原始社会的宗教活动中,有的部落以掷剑比赛的方式来确定部落首领,这是武术比赛的萌芽。

二、武术成形于奴隶社会时期

夏、商、西周时期,氏族公社解体,产生了私有制,进入了奴隶社会。这一时期的武术不单是为了维持生存的需要,还逐渐成为人们有目的、有意识、有组织的社会活动。这一时期武术发展的主要特征如下。

(一)青铜兵器的广泛使用及演进

这一时期木器已被青铜器所代替,武器由简单到复杂,向多样化发展。为了适应车战的需要(车战是西周时期战争的主要形式),不仅武器数量猛增,而且种类较多,如铜矛、铜戈、铜斧、铜戟、铜剑等,形成了包括远射、格斗、护体等进攻性兵器与防护装备的完全组合。

(二)攻防格斗技术有了明显的提高和发展

其主要表现有三:一是为了适应战争形式的变化,按阵形队列进行武术操练,武术操练是当时军队作战训练的重要内容之一,有效地促进了攻防格斗技术的提高;二是把习练搏斗、角力作为军事训练的重要内容,大大促进了徒手搏斗技术的发展;三是提倡、鼓励习射,习射成为人们日常生活中的重要内容,成为武士的重要标志,极大地促进了射术的发展。

(三)武舞开始分化

武舞既有表达思想、抒发感情的娱乐作用,同时也有习武健身的实用性,而且武舞的动作组合是形成武术套路的基础。在原始社会,武舞与武术是结合为一体的。商、周时期,武舞开始分化,但是舞蹈的艺术性尚未充分发展,舞蹈的实用性仍然居于十分重要的地位。

(四)有了对抗形式的比赛

《礼记·王制》记载:"凡执技论力,适四方,嬴股肱,决射御。"这表明当时已有了以比赛形式出现的技击运动,并通过对抗方式用"执技论力""嬴股肱"来决胜负,促使拳斗技术有了显著的提高。另外,周代的骑射活动普遍开展,而且有体制完备的竞赛活动。这种竞赛不但具有习武健身、寓德于武的意义,而且有丰富的娱乐性,是古代重要的文体活动。

(五)武艺作为学校教育的重要内容

例如,周代的"六艺"教育,即"礼、乐、射、御、书、数",前四艺中均有丰富的武艺教育内容。

从以上这些内容可以看出,武术在奴隶社会已开始成为一种文化现象,不仅在军事活动中,而且在其他社会活动中发挥着积极的作用。

三、武术发展于封建社会时期

(一)隋、唐、五代及其以前的武术

隋、唐、五代及其以前的武术,可以分为三个主要发展阶段。

1. 春秋战国时期武术得到了较全面的发展

春秋战国时期,社会生产力和经济已有较大的发展,文化学术繁荣,战争频繁,并以步战为主要作战方式。在这种社会背景下,社会尚武之风盛行,武术的形式、内容和功能等得到了较全面的发展,主要表现如下。

(1)武术的社会功能向多样化演变。战争的发展促使质朴单纯的军事武艺演变成了丰富的武术文化,其主要表现是:武术不仅具有适应战争需要的实用性,而且具有了表演性、竞赛性、娱乐性和健身性,成为人类文化的一个组成部分。

(2)武术技艺向多样化发展,阵战武艺与日常武艺分流。

(3)自觉性武术意识出现,武术理论形成。春秋战国时期,人们在较武竞技的实践中,形成了一种公平竞争、崇敬强者、以武艺高低决定社会地位的竞技意识,把习武论剑看成是一种"内可活身,外可应变"的修养之道,体现了中华武术的伦理特色。此时出现了一批武术家,在总结武术实战经验的基础上提炼出武术理论,如剑术理论等。武术理论的出现是中华武术由实践上升到理论的重要标志。

2.秦、汉、三国时期武术向竞技方向发展并形成流派

秦、汉、三国时期,统一的多民族的封建王朝的建立,以及经济、政治、文化的发展,使人民在较长的时期内处于相对安定的状态,这为武术由单纯军事技能向竞技方向发展提供了有利条件。其主要表现如下。

(1)武器有了很大的发展。由于汉代冶炼技术的发展,铁器逐渐代替了铜器,出现了许多适应战争需要的新武器,如刀、盾牌、长戟、戈、矛、殳、斧、大刀、狼牙棒等。武器的发展促进了使用武器的方法和技术的提高。

(2)相继出现了许多新的竞技项目,如角抵、手搏、击剑等,同时也出现了剑舞、刀舞、钺舞等项目。

(3)创编了模拟动物或吸取动物动作特点并结合攻防方法的"猕猴舞""狗斗舞""马舞""醉舞""六禽戏""五禽戏"等。

(4)攻防格斗技术和套路技术有了很大的发展。攻防格斗技术如"手搏""角抵"等,以剑为主体的长短兵器对打,如"剑对戟""剑对钺"等。套路技术有单练套路,如"剑舞""刀舞""双戟舞""钺舞""猕猴舞""狗斗舞"等,对练套路有"空手对刀""剑盾对双戟""空手夺枪"等。

(5)武术理论和武术流派的形成。汉代,有关武艺理论著作大量出现,如班固的《汉书·艺文志》中就有 199 篇是武术著作,主要是论述射法、拳法和剑法的。由于汉代民间练武活动盛行,出现了许多武术家以及总结武术实践经验的理论著作,各有风格特点,形成了不同的流派。

(6)汉代,刀、剑、角抵之术东传日本,这是武术作为一种文化对外交流的开始。

3.隋、唐、五代时期是武术发展的鼎盛时期

这一时期,社会繁荣,武术也得到了迅速的发展,其主要表现如下。

(1)器械的发展促进了武术技术的发展变化。在武器上"废长兴短""以铁代铜",是器械发展的大转折。随着步骑战的发展,战场上较长的戟逐渐被淘汰,枪在战场上被广泛应用,剑被刀所代替,枪术、刀术在民间深受欢迎,广为传播。

(2)实行武举制度,推动了武术的发展。用考试的办法选拔武勇人才,凡有一技之长被选中的,授其奖励和相应的称号,如"猛殿之士""矫捷之士""技术之士""疾足之士"等。通过考试选拔人才的制度,不仅促进了练武活动的发展,而且出现了专职教习武艺的人。

(3)套路技术的新发展。唐代舞乐盛行,武术套路技术在某种程度上吸收了舞蹈中的姿势动作以及手、眼、身法、步法等表现形式,大大丰富了武术套路的结构、布局和演练技巧。

(二)两宋时期的武术

两宋时期的武术较之隋、唐、五代时期又有了较大的发展。

(1)宋代战争频繁,仍把武举作为取士之法,明确规定了考试项目,并兴建武学,培养武艺高超的人才。

(2)通过打擂比武,选拔军事人才,促进了武艺的提高。

(3)民间练武活动广泛开展,出现了不少武术家。

(4)出现了武术组织——"社",为习武者提供了切磋技艺的场所,为武术的交流、传授、发展创造了有利的条件。

(5)套路技术有了较大的发展。宋代武术套路已发展到较为完善的阶段,不仅套路结构系统完整,而且套路形式多样,有拳术、棍术、对练套路,还有集体表演套路等。

（6）武艺向多样化发展，如剑、刀、枪、棍、斧、戈、鞭、铜等兵器的武艺都得到了迅速发展。此外，还相继出现了七节鞭、九节鞭和十三节鞭等兵器。

（7）练武经验得到了系统的总结，武术理论有了新的发展，产生了一批武术著作，代表作有《武经总要》《武经七书》《建炎系年要录》《武林旧事》等。

（三）明、清时期的武术

明、清时期是武术集大成的发展时期，流派林立。不同风格的拳术、器械都得到了广泛发展，武术体育化进程已完成，武术与传统文化交融，已基本形成了理论体系。

1. 套路技术和攻防格斗技术趋于完善

明、清时期的武术套路有了新的发展，有大量的武术著作研究套路内在的结构规律与运动形式，对套路的结构、动作的衔接、位移路线、动作招式及其变化、运动方法、攻防技术和战术理论等都有详细的论述和图解。

2. 武术体育化进程已经完成

武术的社会功能向多样化发展，强身健体、修身养性、审美娱乐等功能与自卫防身功能一样受到人们普遍重视，以习武健身为主旨的发展趋势拓宽了武术发展领域，意味着武术的体育性更强了。

3. 流派林立

明代的武术家都"各有师承"，在传授武艺过程中互相吸收、借鉴、融合，逐步形成了许多不同风格特点的流派，著名的有少林、峨眉、武当等。到了清代，流派又有了更大的发展。武术流派的形成与发展，既标志着武术的繁荣，也标志着武术已发展到了一个新的高度。

4. 对武术进行了分类

武术的流派繁多，为了便于区别，人们根据运动特点把武术分为"内家拳"与"外家拳"，如把太极拳、形意拳、八卦掌等拳种划为内家拳，少林拳等多种拳术归于外家拳；有的按地域分为南派、北派；也有按山川分类的，如武当派、峨眉派等。

5. 武术内容向多样化发展

明代拳种林立纷呈，各派拳术均有徒手与器械的练法，器械有长、短、软、双兵器等，人们把练武的主要内容统称为"十八般武艺"。清代，武术内容更是绚丽多彩，具有很多不同风格的拳术与器械，比较流行的套路就有几百种之多。

6. 练武组织大量出现，促进了武术的发展变化

清代，民间秘密结"社"活动非常活跃。出于斗争的需要，"社""馆"把练武活动作为组织、教育和训练群众的重要内容，使武术得到了广泛的交流、传授和发展。

7. 武术与传统文化的融合，整体观的武术理论形成

明、清时期，大量的武术著作问世，其中明代有《纪效新书》《练兵实记》《练兵杂记》《武编》《江南经略》《陈记》《耕余剩记》《持衡》《武备志》等，清代有《手臂录》《大棒说》《拳经、拳法备要》《内家拳》《苌氏武技书》《六合拳谱》《太极拳谱》等。这些武术专著不仅系统地总结了我国历代积累的武术运动经验，研究了武术的运动形式、套路技术、攻防格斗技巧和战术理论，而且融合了优秀传统文化，从人的整体出发，研究武术运动与人体的内在联系及其运动规律，从而使武术具有中国传统文化的特征。

四、民国时期武术的发展

民国时期,由于军阀割据,战争频繁,政局动荡,武术的发展受到了影响,但仍取得了一定的成绩。

(一)武术组织广泛建立,推动了武术的普及和发展

这一时期,上海有"精武体育会""中华武士会"等 30 多家武术会、社,北京有"北京体育研究社""中华尚武学社"等 25 家武术会、社,天津有"中华武术会""道德武术研究会"等 10 多家武术会、社。其他大、中城市同样建立了一些武术会、社,各省、市、县也相继建立了不少国术馆。武术组织的广泛建立,促进了武术运动的发展和普及。

(二)武术的体育化有了新的发展

各拳种不仅注重强身健体的锻炼效果,而且相继举办武术运动会。1923 年 4 月,马良、唐豪等人在上海联合发起、举办了"中华全国武术运动会",这是中国体育史上第一次武术单项运动会。1929 年举行的第三届全国运动会,首次把武术套路列为表演项目。1933 年,武术被正式列为全国综合性运动会竞赛项目。

(三)武术被正式列入学校体育课程,一批较优秀的教材问世

当时编写的教材有《国术概论》《国术理论》《华新武术》《查拳图说》《青萍剑图说》《少林武当考》《练步拳》《八极拳》《太极拳》《八卦拳图说》等,武术理论有了一定的发展。

交通大学(前身为南洋公学)是我国开展武术运动最早的学校之一。该校在 1915 年把武术列入校运动会项目,在 1916 年将武术列入体育课教学内容。

为了向世界宣传介绍武术,民国中期,精武体育会总部先后多次选派武术名手赴其海外分会执教,传播武术。1929 年秋,福建永春组成"闽南国术团"赴新加坡和马来西亚各地巡回表演。1936 年 1 月,中央国术馆和体育专科学校组成南洋旅行团赴新加坡、马来西亚、菲律宾等地进行了 65 场武术表演。1936 年,中国体育协会选派国术表演队赴柏林在第十一届奥运会上进行了表演,并应邀到法兰克福和慕尼黑等地进行表演。

五、社会主义时期武术的蓬勃发展

中华人民共和国成立后,在党的正确领导下,武术运动在全国蓬勃发展,并已走向世界,同时,武术科研形势喜人,武术技术的规范化和理论的科学化日趋完善。

(一)建立健全组织机构,确保武术工作的开展

党和政府对武术工作非常重视和关怀,1949 年 10 月政务院批准筹备成立中华全国体育总会,在预备会上提出要开展武术运动。1950 年中华全国体育总会在北京召开了武术工作座谈会,把武术提到体育工作的议事日程上。1952 年,国家体委成立后,把武术列为推广项目,并设置了民族形式体育研究会,负责对武术等民族形式体育的挖掘、继承和推广工作。1955 年,国家体委在运动司下设武术科,专门负责武术工作。之后,又将武术科升为武术处,负责贯彻执行国家对武术的方针、政策,落实武术的普及、推广和组织竞赛等工作,并指导各地开展群众性武术活动。1958 年 9 月在北京成立了中国武术协会,各省、自治区、直辖市也相继成立了武术协会,从组织上保证了武术工作的开展。为了加强武术科研工作的领导,1980 年成立了国家体委武术研究院。1982 年全国武术工作会议以后,部分省、自治区、直辖市相继成立了武术馆或武术院,不少地、市、县成立了武术协会,基层的武术馆(校)和辅导站如雨后春笋。为了适应国内外武术发展的需要,1994年成立了国家体委武术运动管理中心,对武术运动的普及、提高及向外推广工作起到了规范、指导作用。

(二)开展形式多样的竞赛活动,促进武术活动群众化

1953年,在天津举行的第一次全国民族形式体育表演及竞赛大会上,武术步入了体育竞赛领域。1957年,武术被正式列为国家竞赛项目。1959年颁布的《武术竞赛规则》使武术竞赛走上了正规化道路。现在既有正规的全国武术锦标赛、全国武术散手锦标赛、全国太极(拳、剑、推手)比赛、全国武术交流大会、全国青少年"武术杯"比赛,也有赞助性的"武术之乡"武术比赛、民间武术馆(社)及各种形式的武术节、武术比赛等,还有国际性、区域性的武术锦标赛、邀请赛等。此外,企事业单位或基层的武术比赛也十分活跃。这些比赛有力地推动了武术事业的发展,大大地促进了群众性武术活动的发展。

(三)深入开展学术研究,促进武术科学化

1. 建立各种武术学术团体

为了适应武术科学研究工作的需要,1987年6月,中国体育科学学会武术学分会在北京成立。随后,其他省、自治区、直辖市也相继成立了武术学会。各种类型的基层武术研究会、研究所也陆续建立,形成了一支技术力量雄厚的科研队伍,有力地推动了武术科研的发展。

2. 举办多种多样的武术学术活动,促进了武术科学研究的发展

近年来,国家体委武术研究院和中国体育科学学会武术学分会联合举办了多次大型的全国和国际学术活动,先后选编了《1988年中国国际武术节论文选》《武术科学探秘》《第一届世界武术锦标赛论文报告会论文选编》等。同时,地方性学术活动也十分活跃。这些学术活动的开展,拓宽了武术科学研究的领域和途径,对武术的基本概念、历史演变、哲学基础、生理机制、技术原理、养生思想等进行了多视角、多侧面的探讨。这些活动中既有纵深发展的单学科研究,又有相关学科交叉融会的横向研究;既有基础理论研究,又有实际应用研究。学术活动大大促进了武术的理论化和科学化。

3. 创办了一批武术刊物,出版了大量武术著作

自1981年以来,我国先后创办了《武林》《中华武术》《武术健身》《精武》《少林与太极》《武魂》《搏击》《武当》等武术专业刊物。这些刊物对武术的理论和技术研究、经验交流、信息传播都起到了很大的推动作用。与此同时,出版了大量的武术教材和专著,如《中国武术史》《中国武术拳械录》《四式太极拳竞赛套路》《武术学概论》《中国查拳》《中国武术大辞典》《中国散手》《太极拳运动》《全国武术训练教材》等。这些武术著作的出版,是武术趋于成熟和完善的标志。

(四)重视武术教育,加速人才培养

1. 学校武术教育

新中国成立后,武术作为学校体育教学内容得到了重视。1961年,教育部颁布的中国第一部全国统一使用的大、中、小学体育教学大纲中,把武术作为重要内容之一。1963年出版的全国中学体育教材和小学体育教材,把武术作为民族传统体育的重要内容之一。1993年,国家体委群体司会同教育部门,在《国家体育锻炼标准施行办法》中增加了武术内容的试点工作,先后在北京、河北、山西、陕西、江西等省市的一些中小学进行了试点。几十年来,中小学武术教育得到了迅速的发展。普通高校的武术教育不仅较好地完成了教学大纲规定的内容,而且从20世纪80年代以来许多高校成立了武术协会或武术学会,组织师生开展群众性的武术活动、比赛和学术研究,有效地促使了高校武术教学从单一的课堂教学走向多形式、多渠道、多层次的大学武术教育,有力地推动了普通高校武术活动的开展。

新中国成立初期,在体育院校(系)中,武术被列为专项选修课。1958 年之后,北京体育学院、上海体育学院先后设立了武术系,其他体育院校(系)设立了武术专项选修课,从教学上加强了武术的比重,促进了武术教学、训练、科研工作和武术人才的培养教育。1961 年,国家体委组织编写了第一部全国体育学院本科讲义《武术》,使体育院校(系)的武术教学逐步走上了系统、规范的轨道,为国家培养了一大批武术专业人才。1978 年以后,体育院校(系)的武术教学进入了一个新的发展阶段。国家体委组织编辑、出版了全国体育院校(系)通用教材《武术》1—4 册,保证了武术教学的需要。各体育院校(系)除招收本科生外,还恢复了招收武术硕士研究生,使武术教育步入了现代科学文化领域,成为培养高层次专门人才的一门学科,这对武术的发展具有重要的历史意义。

2. 武术优秀运动队的建立与发展

武术优秀运动队是我国武术技术最高层次的队伍,是培养武术人才的基地,始建于 20 世纪 60 年代初期,80 年代以后得到了迅速的发展,成为武术运动发展的龙头。1954 年在中央体育学院(北京体育大学前身)组建了竞技指导科武术队,这是新中国成立以来组建的第一支武术优秀运动队。1959 年底至 1960 年初,山东、安徽、上海、辽宁等省市率先组建了第一批武术优秀运动队。1978 年以后,大部分省、自治区、直辖市也都成立了武术优秀运动队。目前,已建成了一批训练、培养武术人才的基地,形成了"传统项目学校→业余体校→运动技术学校→武术优秀运动队"的"一条龙"训练体系。

第三节　武术的内容与分类

武术的内容丰富多彩,按其运动形式可分为套路运动和格斗运动。

一、套路运动

套路运动是以技击动作为素材,按攻守进退的运动变化规律编成的整套练习形式。套路运动按练习形式分为单练、对练和集体演练。

(一)单练
单练包括拳术与器械。

1. 拳术
拳术是徒手练习的套路运动。它的种类很多,主要有长拳、太极拳、南拳、形意拳、八卦掌、通背拳、劈挂拳、翻子拳、地躺拳、象形拳等。

(1)长拳。长拳是查拳、华拳、洪拳、炮拳、戳脚等拳术的总称。其特点是:舒展大方,快速有力,节奏分明,蹿蹦跳跃,闪展腾挪,起伏转折,动作灵活多变。

(2)太极拳。太极拳是一种柔和、缓慢、轻灵的拳术。其特点是:心静体松,呼吸自然,轻灵沉着,圆活连贯,上下相随,虚实分明,柔中寓刚,以意导动等。

(3)南拳。南拳是流传于我国南方各地拳术的总称,有广东南拳、福建南拳、广西南拳、浙江南拳、四川南拳等。其特点是:手法多变,腿法较少,动作紧凑,刚健有力,伴有发声吐气助发力,步法四平八稳、落地生根,身法俯仰吞吐、靠崩闪转。

（4）形意拳。形意拳也叫"心意拳""心意六合拳"。它是以三体式为基本姿势，以劈、崩、钻、炮、横为基本拳法，并吸取了龙、虎、猴、马、鼍、鸽、鹰、熊等动物的形象取法而组成的拳术。其特点是：朴实简洁，动静分明，动作严谨，手脚和顺，身正步稳，快速整齐，劲力充实，稳固沉着。

（5）八卦掌。八卦掌是一种以摆扣步走转为主，以掌法变换为内容的拳术。其特点是：沿圆走转，势势相连，身灵步活，摆扣清晰，随走随变，纵横交错。

（6）通背拳。通背拳也称"通臂拳"，是流传在我国北方的主要拳种之一。它是以摔、拍、穿、劈、攒 5 种基本掌法为主要内容，通过圈、揽、勾、劫、削、摩、拨、扇 8 法的运用，而变化出许多动作的拳术。其特点是：出手为掌，点手成拳，腰背发力，放长击远，甩膀抖腕，立抡成圆，吞吐虚胸，拧腰切髋，大开大合，击拍响亮，发劲冷弹脆快。

（7）劈挂拳。劈挂拳全称"通备劈挂拳"，简称"劈挂拳"或"披挂拳"，是一种放长击远的拳术。其特点是：长击为主，大开大合，双臂交劈，斜拦横击，吞吐含放，翻滚不息。

（8）翻子拳。翻子拳是一种短小精悍、严密紧凑、方法脆快的拳术。其特点是：往返连环，步疾手快，拳法紧密，闪摆取势，上下翻转，迅猛遒劲。

（9）地躺拳。地躺拳是一种以跌扑滚翻等地躺跌法为主要内容，技巧性较强、动作难度较大的拳术。其特点是：顺势而跌，旋即而起，卧地而击，高翻低滚，起伏闪避，一气呵成。

（10）象形拳。象形拳是以攻防动作结合，模仿动物的特长和形态或模拟古代某些人物的搏斗、生活形象而编成的拳术。目前流传较广的有螳螂拳、猴拳、鹰爪拳、蛇拳、醉拳、武松脱铐拳等。其特点是：象形取意，并体现武术的攻防动作。

2. 器械

器械的种类很多，可分为短器械、长器械、双器械、软器械 4 种。短器械主要有剑术、刀术、匕首等；长器械主要有枪术、棍术、大刀等；双器械主要有双刀、双剑、双钩、双枪、双鞭等；软器械主要有三节棍、九节鞭、绳标、流星锤等。

（1）剑术。剑是短器械的一种，由尖、刃、脊、锋、护手、柄等部分组成。剑术主要是以刺、点、崩、撩、挂、截等剑法，配合步型、步法等构成套路。其特点是：轻快洒脱，身法轻捷，刚柔相济，吞吐自如，富有韵律，矫健优美。

（2）刀术。刀是短器械的一种，由刃、背、尖、护手盘和刀柄等部分构成。刀术是以缠头裹脑和劈、斩、撩、扎、挂、戳、刺等基本刀法为主，并配合各种步型、步法、跳跃等动作构成套路。其特点是：勇猛快速，激烈奔腾，紧密缠身，雄健剽悍。

（3）枪术。枪是长器械的一种，由枪头、枪缨和枪杆组成。枪术是以拦、拿、扎为主，辅以崩、点、穿、挑、云、劈、舞花等枪法，配合各种步型、步法、跳跃构成套路。其特点是：力贯枪尖，走势开展，上下翻飞，变幻莫测。

（4）棍术。棍是长器械的一种。棍术是以劈、扫、戳、挑、撩等棍法和把法为主，并配合步型、步法、身法等构成套路。其特点是：勇猛泼辣，两头使法，横打一片，气势磅礴。

（5）大刀。大刀是长器械的一种。它以劈、砍等刀法为主，结合舞花等动作构成套路。其特点是：劈刀递攉，大劈大砍，气势雄伟，动作泼辣。

（6）双刀。双刀是双器械的一种。它以劈、斩、撩、绞等刀法，结合双手左右缠头、左右腕花、交互抡劈等变化构成的套路。其特点是：刀法密集，贴身严谨，左右兼顾，边走边打。

（7）双剑。双剑是双器械的一种。它主要以穿、挂、云、刺等剑法为主，结合身法、步法、双手交替运用的套路。其特点是：身随剑动，步随身移，剑法、身法、步法三者合一，潇洒奔放，矫健优美。

（8）双钩。双钩是双器械的一种。它主要以钩、搂、锁、挂等方法组成套路。其特点是：钩走浪势，身随钩走，钩随身活，身灵步轻，造型洒脱、多变。

（9）九节鞭。九节鞭是软器械的一种。它主要以抡、扫、缠、挂等软鞭鞭法组成套路。其特点是：鞭走顺劲，抡舞如轮，横飞竖打，势势相连，时硬时软（软时似绳索缠绕，硬时似铁棒抡转）。

（10）三节棍。三节棍是软器械的一种。它主要以抡、扫、劈、舞花等棍法构成套路。其特点是：能长能短，软硬变幻，勇猛泼辣，势如破竹。

（二）对练

对练是两人或两人以上按照固定的程序进行的攻防格斗套路，包括徒手对练、器械对练、徒手与器械对练等。

1. 徒手对练

徒手对练是运用踢、打、摔、拿等方法，按照进攻、防守、还击的运动规律编成的拳术对练套路，有对打拳、对擒拿、南拳对练、形意拳对练等。

2. 器械对练

器械对练是以器械的劈、砍、击、刺、挂、截、格、挡等技击方法组成对练套路，主要有长器械对练、短器械对练、长与短器械对练、单与双器械对练、单与软器械对练、双与软器械对练等。常见的有单（双）刀进枪、三节棍进棍、双匕首进枪、对刺剑等。

3. 徒手与器械对练

徒手与器械对练是一方徒手，另一方持器械进行的攻防对练套路，如空手夺刀、空手夺棍、空手进双枪等。

（三）集体演练

集体演练是集体进行的徒手、器械或徒手与器械的演练。

二、格斗运动

格斗运动是两人在一定条件下，按照一定的规则进行斗智斗勇、较技较力的对抗性练习形式。目前开展较广泛的有散手和推手。

散手是两人按照一定比赛规则，使用踢、打、摔等方法制胜对方的竞技项目。

推手是两人按照一定的比赛规则，使用掤、捋、挤、按、采、挒、肘、靠等方法，双方粘连粘随，通过肌肉的感觉来判断对方的用劲，然后借劲发劲将对方推出，以此决定胜负的竞技项目。

第四节　武术的特点和作用

武术在长期的历史演变中，不仅形成了其独特的风格特点，而且具有多方面的作用。

一、武术的特点

（一）以攻防技击动作为基本内容

无论是武术动作的本质内涵，还是演练时的精神意念，一般都具有攻防含义。从内容看，踢、打、摔、拿、击、刺等动作，是组成武术套路运动的主要内容。从技法看，有冲、撞、挤、靠、肘、挑、劈、砸等打法，有蹬、踹、弹、缠、挂、摆等踢法。这些动作有着不同的使用特点，但都具有攻防的作用。各种器械又有一系列进攻和防守的技术方法。人们择取强身健体的功能将武术作为一种体育活动，根据需要对原始的攻防技术做了改进和发展，但仍保持了攻防的特点。这一特点是武术区别于其他体育项目的主要标志。

(二)以套路和格斗为运动形式

以套路和格斗为运动形式，不仅使武术得以表现出自身的特点和优势，而且表现出各流派的独特风格和特点。

1. 套路运动

套路运动是中国武术的一种特有的表现形式。整套技术以踢、打、摔、拿、击、刺等具有攻防含义的动作为主，但不少动作在技术规格、运动幅度等方面与技击动作原型相比有所变化，从而具有体育运动的意义。首先，它讲究动作衔接合顺和规格化，以达到增强体质的目的；其次，它讲究动作结构、韵律、节奏的严谨、优美、舒展大方，并向表演的规范化发展，从而具有观赏价值。

2. 格斗

格斗是武术的另一种表现形式。它集中体现了武术的攻防特点，在技术上与实用技击基本上是一致的，但从体育的观念出发，它受到了竞赛规则的制约，以不伤害对方为原则，如在散手中对有些传统的实用技击方法做了限制，并且严格规定了击打部位和保护护具。可见，武术的格斗运动具有很强的攻防技击性，但又与实用技击不尽相同，具有体育运动的属性。

(三)具有整体统一的运动观念

既讲究形体规范，又追求"精神传意，内外合一"的整体观念，是中国武术的一大特色。所谓内外合一，"内"指心、神、意等心理活动和气息的运行，"外"指手、眼、身法、步等形体活动，"合一"指内与外要形成有机联系的整体，达到形神兼备。武术套路在技术上往往要求把内在的精、气、神与外部的形体动作紧密结合，从而体现"内外合一"和"形神兼备"的整体统一观。

(四)具有广泛的适应性

武术与其他体育运动项目比较，具有广泛的适应性。

1. 形式多样，内容丰富，适应不同的对象

例如，有适应竞技对抗性练习的散手和太极推手；有适应演练的各种拳术、器械、对练等。不同的拳种和器械有不同的动作结构、技术要求、运动风格和运动负荷，分别适应不同年龄、性别、体质的人的需求，人们可以根据自己的条件和兴趣爱好选择合适的项目进行练习。

2. 对场地、器材的要求较低

练习者可以根据场地的大小选择练习的内容和方式，同时对器械要求也不高，大都可以就地取材。

3. 不受时间和季节的限制

无论白天晚上，春夏秋冬，且无论时间长短都可以练习。

二、武术的作用

(一)增强身体素质

武术运动具有强身健体的作用，可以使人的身心得到全面的锻炼。武术运动对外能利关节、强筋骨、壮体魄，对内能理脏腑、通经脉、调精神。尤其是武术的许多功法都注意调息行气和意念活动,因此对调节人体内环境的平衡,调养气血,改善人体机能,增强体质有很好的作用。

(二)提高防卫能力

武术具有技击的特点,通过套路练习和格斗练习,不仅能够达到增强体质的目的,而且能够学会各种踢、打、摔、拿、击、刺的方法,进而掌握攻防格斗技术。若进行系统的、持之以恒的练习,就能够增长功力、抗击摔打、克敌制胜、具备防身自卫的能力。

(三)磨炼意志,培养道德情操

习练武术要勤学苦练,不怕苦不怕累,勇于和困难做斗争,要持之以恒,精益求精。经过长期锻炼,可以培养勤奋刻苦、果敢顽强和坚韧不屈的意志品质。中国武术重礼仪、讲武德,通过练武习德,能培养尚武崇德、尊师重道、讲礼守信、见义勇为、不凌弱逞强等高尚的道德情操,有益于社会主义精神文明建设。

(四)观赏娱乐,丰富文化生活

武术以其形式、内容的丰富多样性,套路结构和技术动作造型的艺术性,深受广大群众喜爱。无论是赛场上斗智斗勇、较技较力的对抗格斗所表现出来的顽强拼搏的精神和随机应变的技巧,还是演练套路所展示的形神兼备的技艺和刚柔起伏的韵味等,无不引人入胜,具有很高的观赏价值,给人以美的享受,丰富了人们的精神文化生活。

(五)交流技艺,增进友谊

武术内容丰富,人们在练武时可以互相学习,切磋技艺,交流体会,增进友谊。随着武术在世界上的广泛传播,通过体育竞技、文化交流、教学活动等途径,武术在增进与世界各国人民的友谊方面将发挥越来越大的作用。

第五节　武德修养

一、武德概念

武德,顾名思义就是武术道德,即习武者道德品质的修养。"武德"一词最早出现在三千多年前,专门记载西周到春秋各诸侯国史事的典籍《国语》中,就有"有武德以羞为正卿"的说法,意思是说有武德的人可做得高官,由此可见,在当时就有以"武德"作为选拔任免官员的标准。武德从社会学的角度来理解,它不仅是个人在武术伦理规范方面的表现,而且还包含了在整个武术社会活动中人际关系的内在秩序,它注重在武术活动以及参与其他社会活动时的社会规范。从习武者应遵守的社会规范的角度来说,武德是武术伦理规范与习武者道德行为准则的总和。它始终贯穿于习武者整个的练武、用武、授武、比武等一系列的社会武术活动之中。

二、传统武德的主要内容

武德作为中国传统伦理的一个组成部分,其道德精神表现实质上还是中国传统伦理精神在武术领域内的具体体现。它的内容虽然也随着各个不同时期的发展而不断地补充和丰富,但其本质仍表现为:仁、义、礼、智、信、勇。

1. 仁

仁在一定程度上概括了人的全部道德意识,同样也是习武者最高层次的品德追求和德性的最高境界。仁的基本含义就是要用广博的爱心去爱一切人。仁的核心是孝悌,也就是要求武林中人师慈徒孝、兄友弟恭、朋亲友爱。忠恕则是为仁之方,要求习武者忠于师门,推而广之,就是要忠于事业、民族和社稷,要与人为善,以爱人之心宽恕他人。

2. 义

在一般意义上讲,义为行善之本。在武德中还可以理解为仁是通过义的环节过渡到人的道德行为。义是依仁而行的方法、途径和标准。义还根源于羞恶之心,所以它还有裁断性的道德判断,是羞耻与否、善恶与否的"应该"标准。此外,在武德中还把义理解为秩序、等级。"义者,宜也",就是习武者的言行举止要与自己的身份相符。君臣父子、师徒兄弟的纲常不能乱,这是武林中人心目中神圣不可侵犯的人伦。

3. 礼

礼来自人的恭敬辞让之心,是仁义道德的节度及由此产生的待人接物礼仪。武术界对礼有着严格的标准和规定,并由此而衍生出一系列具体的、形式化的礼仪。礼还包括制裁制度,对违背礼的人要给予处罚。礼在武德中具有实践的意义,它不但告诉习武者"应该做什么",而且还告诉其"应该怎么做",是仁与义向行为落实的一个重要环节。

4. 智

当习武者有了武德情操和礼仪规范后,还必须有自觉的道德意识,这就是智。智的功能就是认识仁、义,并保证它的实践。它根源于人们的是非判断之心,其功用就在于体人性、知人伦、明是非、辨善恶,唯有如此,才能进行坚定的行为选择,才能"穷不失义,达不离道",做一个"富贵不能淫,贫贱不能移,威武不能屈"的侠义之人。

5. 信

"信,诚也","诚,信也"。信、诚互训,自然是说诚实可靠就是诚守诺言,二者一也。守信用、重诺言是武林的传统。"一言既出,驷马难追",是武林俗尚。实践诺言,不失信于人,不畏艰难险阻,甚至甘愿牺牲生命,只身赴死的事迹,历代多有所闻。著名武术家佟忠义所著《武士须知》一书中说:"信义为立身之本,进德之源。……深望武门同志,各自振拔,务须一言既出,努力躬行;大义当前,至死不顾。则矫正颓风,庶有望乎。"显然,守信重诺是武德的重要内容之一。

6. 勇

武德中的勇既是道德标准又是行为实践。勇又有"大勇"和"小勇"之分。武德中提倡的是"大勇",指的是通晓仁义道德,明辨是非善恶之后,果断采用的举止行为。为国为民、匡扶正义、除暴安良、惩恶扬善、扶弱济困等,即为"大勇"之举,在武林中是被极力推崇和效仿的。为私利或意气用事而逞强斗狠,则被视为"小勇",也称作"匹夫之勇",为武林中人所不屑。

三、新时期的武德内容

传统的武德精微而博大,渊源而流长,但随着社会的发展,其中的一些内容及其内在的矛盾,已不再适应现今社会的需要,甚至成为武术发展的桎梏。所以,在弘扬我国古代优秀传统武德的同时,我们还应该采取批判继承的态度,取其现在对社会主义精神文明建设有用的部分,抛弃过时的、为旧社会制度服务的糟粕,建立起具有时代精神和社会主义特色的新时期武德,这是武术发展所必需的,也符合社会主义精神文明建设的大趋势和总要求。

重构新时期的武德,必须以新时代中国特色社会主义理论为指导,必须坚持党的基本路线,必须符合我国社会主义精神文明建设的总要求,为培育有理想、有道德、有文化、守纪律的社会主义公民服务。新时期武德的主要内容如下。

1. 树立理想,为国争光

理想是人在社会实践中形成的,具有实现可能性的,对未来的向往和追求。树理想,古人称之为"立志","志不立,天下无可成之事"。为此,我们每个习武者都应该树立自己的理想,对理想应有崇高的追求,这是习武者坚强的精神支柱,是实现人生目标和成就事业的原动力。而要实现自己的理想,必须经过努力奋斗才能够达到。习武者的崇高理想,应该是振兴中华武术,弘扬民族文化,将武术推向世界,造福于世界人民,为祖国、为人民争光。同时,继承和发扬中华武术,为全民健身服务,为推动社会主义精神文明建设贡献自己的力量。

2. 爱国爱民,见义勇为

爱国主义,是全国人民为社会主义现代化建设而团结奋斗的力量源泉。邓小平同志指出:"中国人民有自己的民族自尊心和自豪感,以热爱祖国、贡献全部力量建设社会主义祖国为最大光荣,以损害社会主义祖国利益、尊严和荣誉为最大耻辱。"要建立起国家和民族的利益高于一切的信念,热爱祖国、热爱人民是习武者高尚的道德情操。要时刻牢记不能做出有辱国格、人格的事情,如果国家和人民的利益受到损害时,要奋不顾身,挺身而出。当人民群众利益受到坏人侵害时,应该见义勇为,以正当防卫保护人民群众。当祖国受到侵犯时,更应该万众一心,同仇敌忾,为捍卫祖国而英勇奋战,甚至献出自己的生命。

3. 尊师爱生,团结互助

尊师重道是传统的美德,学武者应该尊敬师长、前辈,这不仅在行为举止上要谦和礼下,恭敬从命,更应该聆听教诲,认真实践,好学上进,珍惜师长、前辈的辛勤付出。师长、前辈应该在政治上、学业上、生活上关心和爱护学生,要尽心尽职,毫无保留地传授技艺。在敬业精神上,教师更应该忠诚武术事业,"以身立教",为人师表,诲人不倦;学者应该热爱事业,勤学苦练,学而不厌。在人格上,师生之间是平等的,要发扬民主,不搞"家长制""一言堂"。学友之间应该团结友爱,谦虚谨慎,互相尊重,"以武会友,切磋技艺",互相学习,共同提高。师生都应该打破宗派门户之见,破除循旧保守、故步自封的旧习,搞好武术界各流派的团结,取长补短,共同进步,勇于探索,认真求实,在继承优秀传统的基础上,大胆创新和发展。

4. 修身养性,遵纪守法

武德中的修养主要是指个体的行为,其根本乐趣在于改变自己,以适应和维持社会秩序。它是以个体本性即善之人性为起点,强调习武者的正心诚意与修身养性。在中国传统文化中,"身"被认为是不道德的欲望之体,"性"则是道德性的"本我"。因而,"身"需要"修","生"需要"养",修身养性的实质就是以"道德我"克服"欲望我",达到道德上的超越。习武者要不断加强自身修养,培养高尚的道德情操和良好的生活作风,坚决抵制资产阶级和一切剥削阶级腐朽思想的侵蚀和污染。当前尤其要清醒地认识和抵制在市场经济条件下,一些领域道德失范、拜金主义和个人主义的影响和腐蚀。在处理事情和人际关系时,决不能见利忘义、见利弃义、唯利是图、甚至损人利己。

遵纪守法是习武者最基本的道德规范,要做到这一点,首先必须加强法制学习,增强法制观念,从思想上提高奉公守法的自觉性,并且能够依法办事,在任何情况下都要自觉维护法律的威严和自身的合法权益。同时还应该严格执行有关部门依法制订的各项规章制度,并勇于同违法乱纪的行为作斗争,以确保各种社会活动正常开展,维护社会安定。习武者要切记任何时候不得自持武力、违法乱纪、逞强斗狠、妄自出手,要树立习武者的良好形象。

5. 文明礼貌,举止端庄

我国素称礼仪之邦,有悠久的道德传统。武林界一直流传着"未曾学艺先识礼""学拳先习礼"的传统。习武者平时的举止要端庄大方、有礼貌。言谈举止要有素养,而且要言必行,行必果。待人处事热情诚实、和蔼可亲。服饰要整洁得体,在表演竞技、教学训练、社会武术和国际武术交往等活动中,都要严格按照武德的行为规范进行操作,表现出个人立身风度以及容端体正的尚武本色和习武者特有的"精、气、神",充分反映出习武者的良好素质。

四、武术行礼的方式

1. 抱拳礼

此礼法是由中国传统作揖礼和少林拳的抱拳礼(四指礼)加以提炼、规范、统一得来的,并赋予了新的含义,是在国内外一致被采用的具有代表性的礼法。行礼的方法是:并步站立,左手四指并拢伸直成掌,拇指屈拢;右手成拳,左掌心掩贴右拳面,左指尖与下颏平齐。右拳眼斜对胸窝,置于胸前屈臂成圆,肘尖略下垂,拳掌与胸相距 20～30 厘米。头正,身直,目视受礼者,面容举止自然大方。武术散手在戴拳套练习和比赛时,可模拟似的行抱拳礼,两拳套合抱于胸前即可。

抱拳礼的具体含义是:①左掌表示德、智、体、美"四育"齐备,象征高尚情操。屈指表示不自大,不骄傲,不以"老大"自居。右拳表示勇猛习武。左掌掩右拳相抱,表示"勇不滋乱","武不犯禁",以此来约束、节制勇武的意思。②左掌右拳拢屈,两臂屈圆,表示五湖四海(泛指五洲四洋),天下武林是一家,谦虚团结,以武会友。③左掌为文,右拳为武,文武兼学,虚心、渴望求知,恭候师友、前辈指教。

2. 注目礼

注目礼的行礼方法:并步站立,目视受礼者或向前平视,勿低头弯腰,表示对受礼者的恭敬、尊重。若表示对行礼者赞同或聆听指教受益时,可微点头示意。

3. 教学中武术礼节

(1)体育委员整队完毕,向老师报告时,师生均行注目礼。

(2)老师向学生问:"同学们好!"学生在回答"老师好"的同时,行抱拳礼。老师待学生都行礼端正后,才行抱拳礼答谢,落手立正。然后学生再落手立正,礼毕。授课开始。

(3)课中学生向老师求教时,学生互教互学时,都应行相应的礼节。

(4)下课时,老师向学生说:"同学们再见!"学生在回答"老师再见"的同时,行抱拳礼。老师待学生都已行礼端正,才行抱拳礼答谢,落手立正。然后学生再落手立正,礼毕。师生下课。

(5)技术测验、考核时,学生进场前或退场前,应向老师行抱拳礼。

第六节　武术图解知识

武术图解是指记载武术动作和套路的图与文字。它用图来描绘动作的形象和身体各部位(包括器械)的运动路线,用文字来说明动作的详细过程和要领。正确地掌握武术图解知识,便于自学,对自修能力的培养和技术水平的提高都有重要意义。同时,也可以运用武术图解知识来记载武术动作和套路,以便武术的交流、推广和继承。

一、图解的基本知识

(一)运动方向

图解中的运动方向,是以图中人的躯干姿势为准,并且随着躯干姿势所处的位置变化而变化。图中人的胸前为前,背后为后,左侧为左,右侧为右;此外,还有左前、左后、右前、右后。如各种套路开始的预备势,前后左右的方向是以图中人体躯干姿势为准。转体时,则以转后的胸前为前,背后为后,以此类推。武术的动作很多,身体的变化也大,但应始终以躯干姿势来确定方向,不受头部和视线的影响。有时,为说清动作方向,还需说明上、下方向。上、下方向应以地球为参照物,向地心为向下,离地心为向上,无论躯干姿势如何变化,上、下方向始终不变。另外,也有以东、西、南、北来表示动作方向的,通常以起势面向南为准,体左侧为东,体右侧为西,背后为北,起势以后,无论身体方向如何改变,均以固定的方位为准。

(二)动作路线

图中一般用虚线或实线表示某部位下一动作行进的路线。箭尾为起点,箭头为止点。有的图中上、下肢的运动路线都用虚线;有的图中右上肢和左下肢用实线表示,左上肢和右下肢用虚线表示;有的图中上、下肢分别用虚线和实线表示。虽然用法不一,但作用是一致的,都是指明下一动作经过的路线。有的图解还加用足迹图,以表示脚在运动中的方位及触地面积。

(三)往返路线

武术套路由若干段(趟)构成,各段的往返路线,通常是单数段向左,双数段则转回来向原来的右。弄清段的前进方向以后,即使在前进中有转身的动作变化,在转身后仍能朝着原来的方向前进,这样就不会搞错段的方向。较为复杂的套路,每段的前进方向经常变化,可将一段分成若干小节,一节节地看就容易看懂了。有些图解还配有平面路线图,可以参考。套路的收势一般与起势在同一方向,并且位置接近。如果练习中出现收势后不能基本还原到起势的位置,或方向相反,说明练习中出现了错误,需要对照图解认真检查,予以纠正。

(四)术语的运用

为了简练,图解的文字说明常用术语来解释动作。如步法中的上步、退步、插步等,步型中的弓步、马步、仆步等,腿法中的正踢、弹踢、侧踹等。有的从简说明,有的只用术语。掌握术语对阅读图解会有很大帮助。

(五)要领说明

有些图解,在某个动作后面附有"要领""要点"之类的说明,它是为了提示该动作的要领,或者说明应注意之处,阅读时需要认真领会。

(六)附图

图中有的动作除了用一个图描绘以外,还有一个起补充作用的附图。如背向时,看不清手的位置,便增加一个正面或侧面的附图。

(七)写法顺序

文字说明中,一般先写明运动方向(向左、向右等),然后写下肢动作(步型、步法、腿法等),再写上肢动作(手型、手法、肘法、器械持握方法及运动方法),最后写目视方向。但在个别情况下,则以身体各部位的先后顺序来写。

(八)"左(右)""同时"

文字说明中"左(右)"或"右(左)"的写法,是指左、右均可或左、右互换的意思。"同时",是指无论先写或后写的身体各部位的动作都要一起做。

二、看图方法和注意事项

(一)看图方法

(1)首先看分解动作图和身体各部(包括器械)运动路线,然后详细阅读文字说明,初步了解动作的过程和要领。

(2)按照图和文字的说明边看边做,学会几个或一组动作。

(3)掌握动作的上下配合,反复练习,使之熟练。

(4)按照"要领"和"要点"反复体会动作。

(5)每看图解学会一组动作后,要连接起来复习,然后再与前组所学动作一起复习巩固。

(6)为提高学习效果,可以三人一组,其中一人阅读图解,一人做动作,一人检查,然后相互传授。

(二)注意事项

(1)通过图解学练武术是一个循序渐进的过程,必须反复实践,由简到繁,由易到难,才能逐渐掌握武术图解知识。

(2)遇到复杂动作时,可先学下肢动作,再学上肢动作,然后将上下协调配合起来。

(3)武术运动中的"眼法",要求运动时做到"眼随手动",静止时做到"目随势转"。但在图解文字说明中,通常只写静止时的"目随势转",而不写运动过程中"眼随手动"的眼法变化,这一点在学会动作之后的练习中要特别注意。

(4)有些书上的插图并没有将身体各部位的运动路线全部用箭头表示出来,因此,要详细阅读文字说明,以免漏做或错做动作。初学时,要定好方向,不能经常变换练习位置;否则,容易弄错方向,影响学习效果。

第七节　怎样练好武术

武术博大精深,要把武术练好是一件很不容易的事。古人对习武的描述是"夏练三伏,冬练三九",可见习武是需要持之以恒和吃苦耐劳的。但武术是一种技术性很强的运动,光苦练还不够,练习时还必须合理地安排练习的内容和运用科学的练习方法,这样才能达到强身健体、提高技术水平的目的。

一、武术练习的内容和方法

武术练习的内容包括身体素质练习、武术技术练习、心理练习。

(一)身体素质练习

身体素质练习的目的主要是发展练习者的柔韧、速度、力量、灵敏、耐力等素质。身体素质是一切运动的基础,只有具备了好的身体素质,才有可能达到较高的运动技术水平。

身体素质分为一般身体素质和专项身体素质。相应地,身体素质练习分为一般身体素质练习和专项身体素质练习两种。一般身体素质练习是为了促进身体的全面发展,而武术的专项身体素质练习是根据武术运动的特点,结合武术技术内容,有针对地进行身体练习,发展对提高武术技术水平有直接关系的体能和技能。在提高身体素质时,要注意两者之间的关系,要在全面发展一般身体素质的基础上来提高武术专项身体素质水平。

1. 一般身体素质练习

武术的一般身体素质练习通常采用田径运动中的加速跑、变速跑、中长跑及各种跳跃来提高速度、耐力和弹跳力;利用举重运动中的各种力量练习来发展爆发力和绝对力量;运用体操的一些练习来发展全身的协调性和灵敏性。

2. 武术专项身体素质练习

武术的专项身体素质练习通常是练习"武术基本功"(即臂功、腰功、腿功、桩功)。臂功主要是增进肩关节韧带的柔韧性,加大肩关节的活动范围,发展肩部力量,练习方法有压肩、转肩、俯卧撑、肩绕环等;腰功主要发展脊柱和腰部各肌肉群的柔韧性与弹性,加大腰部的活动范围,练习方法有俯腰、甩腰、晃腰、拧腰、翻腰、涮腰和下腰;腿功主要发展腿部的柔韧性、灵活性和力量等素质,练习方法有压腿、搬腿、劈腿、踢腿和控腿等;桩功是武术基本功中最独特的锻炼方法,它以静站的方式锻炼气息,增强力量,形成和巩固身体的动力定型,练习方法有升降桩、开合桩、马步桩、弓步桩、虚步桩等,练习时必须抛弃一切杂念,气沉丹田,上体保持正直。

对于格斗类项目,还可以采用专门练习,提高抗击打能力、攻击杀伤力、攻击速度、专项耐力,培养控制距离、把握时间差的能力。例如,要提高攻击杀伤力可以练习打沙袋、千层纸;提高抗击能力可以做两人的臂、肩、胸、腿的碰靠练习;提高攻击速度可以练习打手靶、脚靶、梨形球等。

(二)武术技术练习

武术技术练习是习武的关键和核心环节。武术技术练习包括武术基本动作练习、套路技术练习、攻防实战练习。

1. 基本动作练习

基本动作是指典型的、常用的,却又比较简单的武术动作。武术基本动作是组成套路和实战的基本构件,是发展难度动作的基础。基本动作掌握较好,在套路学习中就能达到事半功倍的效果,在实战中就更容易随心所欲地运用。因此,要重视基本动作练习,在练习中要严格要求基本姿势、动作方法,为套路练习和攻防实战打下良好的基础。

武术基本动作练习的具体内容包括手型、手法、步型、步法、腿法、跳跃、平衡、跌扑滚翻等动作练习。基本动作需要重复、循环地练习,力求动作准确、快速有力,并根据技术水平的发展不断增加基本动作的内容,加大基本动作的难度练习。

2. 套路技术练习

武术套路是武术竞赛和表演的主要形式,由起式、往返段落和收式组成。一个编排较好的套路包括了对全身多部位、多种身体素质、多种动作技能的练习,能起到全面发展身体的作用。套路技术练习是以技击动作组合或武术套路为练习内容,来增强练习者的身体素质和机能,提高练习者的武术技术、技巧水平。

套路技术练习包括组合练习、分段练习、整套练习、超套练习。

组合练习是指按照武术运动的规律,把若干基本动作连贯起来进行的练习,能很好地对手、眼、身法、步进行综合的训练。进行组合练习可增进身体的协调能力,掌握动作与动作之间的衔接要领,是初学者从基本动作过渡到套路练习的必须阶段,也是提高难度动作质量的有效手段。练习时要重视武术的经典组合,但也可结合自己的身体特点,按照由浅入深、由简到繁的原则,自编组合进行练习。

分段练习是指把完整的套路分成若干部分反复练习,主要解决好局部动作的节奏、局部技术等问题,为整套练习打好基础。武术套路的最终体现形式是整套的演练,而整套动作中包括各种方法、规格、节奏、意识等诸多复杂因素。因此,可采用渗透练习法,从完整套路中有针对地抽出部分基本内容进行专门的练习,然后过渡到组合、分段,最终融会贯通到复杂的套路运动中。

整套练习通常是采用重复练习法和间歇练习法进行完整的套路练习,其目的是处理好动作的节奏、体力的分配、整体的布局等,充分表现出该套路的风格特点。在整套练习运用重复练习法时,要注意同间歇练习法配合,根据练习者的身体承受能力,合理、科学地安排重复的次数和间歇时间,在达到练习目的的同时又不至于引起过度疲劳。对青年人来讲,一组动作的练习量应控制在练习后脉搏每分钟 170～190 次,间歇时间应控制在下一组练习前脉搏每分钟 120 次左右,一次练习课的时间可以根据具体的练习内容和身体条件适当调整。另外,还可以采用变换练习法,根据一定的需要变换练习的速度、力量、时间,如太极拳的快练、长拳的慢练、重器械练习等。在长拳练习中放慢速度可以克服动作粗糙、僵硬的毛病;在太极拳练习中采用快练的方式提高初学者动作的连贯性,使发力顺达。变换练习法有助于提高在不同环境条件下完成动作的能力,激发练习者的热情和兴趣。当然,重复练习法、间歇练习法和变换练习法同样可在身体素质练习和攻防实战练习中采用。

超套练习是指在做一组练习时完成一套以上的练习数量,其目的是增强练习者的耐力,培养其顽强的意志品质。

3. 攻防实战练习

武术本身就是一门技击术,无论是基本动作,还是成套套路,都具有微妙的攻防含义和攻防实用性。在掌握了套路后,应进一步去掌握每一招动作的攻防应用。如果不能体现武术的攻防技击性,套路演练就会失去神韵,与体操无异。同时,只有通过实战练习才能提高防身自卫的能力,培养临危不乱、勇敢果断的心理品质。武术中的攻防实战练习包括拆招、限制性对练、模拟比赛等。

拆招是把武术套路分解成单一的攻防动作,通过模拟实战中的情景来理解武术动作的攻防含义,掌握招式的运用和变化。通过拆招不仅可以培养攻防技能,还能加深对武术套路的理解。在拆招的过程中,通常应有一个配合的对手模拟相应的进攻或防守,进行"喂招"。拆招应安排在套路练习达到一定的熟练程度后,以保证拆招时招数动作正确、运用得当。在拆招练习时,力量要由轻到重,速度由慢到快逐渐过渡,避免出现伤害事故。

限制性对练是指在攻防实战练习中只运用规定的攻防方法或对进攻力量和速度作一定的限制,把对抗的激烈程度控制在适当的范围内。例如:只允许一种拳法进攻、只允许上肢进攻、只允许腿法进攻膝关节以下部位、一次性进攻等。限制性对练通常安排在基本掌握了某种攻防技法后进行。通过限制性对练可以有针对性地发展某种技术方法和能力,同时对练习者有很好的安全保护作用。特别是对初练者来讲,可以很好地消除对实战的恐惧感,逐渐培养敢于拼打的勇气。在练习时,练习双方要明确规定限制,并严格遵守,以达到共同提高的目的。

模拟比赛是指严格按照一定的竞赛规则进行的对抗练习。在模拟比赛中可以充分发挥全部水平,不仅可以达到全面练习、培养实战经验的目的,还可以作为对自己练习水平的一个检验。在这一练习中,可以采用与不同类型对手对抗来适应不同的打法和战术,还可以采用"连续作战"的方法来培养合理支配体力和灵活运用战术的能力。在模拟比赛中,练习者要严格遵守规则,但又要合理地利用规则;练习后,要勤于思考,总结胜负的原因,找出自己的弱点,便于有针对性地进行练习;练习间歇,要注意观察他人的比赛,发现不同对手的弱点和优势,学习他人的长处。另外,在模拟比赛时,不要太计较胜负,练习者之间的友谊和共同提高才是最重要的。

(三)武术的心理练习

心理练习是指运用一定的手段有意识地对心理过程和个性特征施加影响,通过练习掌握调节自己心理状态的各种方法,培养、提高各种心理能力。良好的心理状态是健康的一个重要标志,同时,良好的心理状态有利于武术技术综合水平的提高,在武术的实际运用中也有利于充分发挥技术水平。武术的心理练习内容包括:培养武德、培养意志品质、提高形象思维能力、培养对运动的观察记忆能力、消除紧张情绪和心理障碍等。

武术中常用的心理练习方法有念动练习法、模拟练习法、自我暗示法、放松练习法、主动观察法。中国传统武术中通常采用气功来进行心理练习,通过调身、调息、调心、观想等过程对练习者的身心进行调顺,提高心理能力,达到综合练习的目的。

念动练习是指通过想象完成动作,反复进行思维表象,以引起神经肌肉系统的相应变化,从而达到练习的效果。通常可以安排在一次练习课结束时或间歇练习的休息阶段,练习时间通常为5~10分钟。念动练习时身体要放松、心要静、注意力要集中,在大脑中清晰、详细、真实地用想象来完成动作,并仔细体会完成动作过程时全身心的感受。通过念动练习可以加强运动记忆,促使动作技术定型,培养形象思维能力,还能有效地集中注意力,消除紧张情绪。

模拟练习是指通过模仿特定的情景和条件进行武术练习,提高练习者在各种条件下对武术的运用能力和在特定情景下的适应能力、应变能力。通过模拟练习可以消除练习者对特定情景的恐惧,消除一定的心理障碍。例如,通过模拟受到各种袭击可以提高练习者的应变能力,培养沉着冷静的气度;通过模拟比赛,可以提高比赛能力,减少比赛失误。模拟练习通常应该安排在武术技术比较成熟后进行。

自我暗示是运用积极的语言进行自我引导。积极的暗示可以消除心理紧张和情绪激动,振奋精神;同时,适当的暗示还可以促使肌肉放松,调节植物性神经系统的机能。自我暗示最好是在相对安静的条件下,采用坐卧姿势进行。通常采用用于自我放松、自我鼓励的语言,如"我的右臂放松了""我全身都放松了""我信心十足""我能完成好今天的练习""我今天表现得很不错"等。

二、学练武术的注意事项

(一)树立正确的习武目的

武术本身是一种体育运动,没有善恶之分。然而,武术具有很强的技击性,好人掌握了它,可以用它来强身健体、防身自卫,坏人掌握了它势必为害一方。

中国武术界历来倡导良好的武德,各门派都十分重视修养武德、端正武风,提出"未曾学艺先学礼,未曾习武先习德"的要求。古今有名的武术家和一些英杰,他们习武都有纯正的动机,以国家、民族利益为重,不谋私利而秉大义,不畏强暴而舍己为人;为人虚怀若谷、讲礼守信;习武精益求精、持之以恒。我们习武首先应向这些武林前辈学习,学习他们的为人,做到谦虚谨慎、刻苦好学、遵纪守法;切忌恃强凌弱、为非作歹,否则害人害己。我们练习武术的主要目的是:强身健体,防身自卫。

(二)勤练基本功,打好基础

基本功、基本素质、基本动作的练习是十分艰苦和枯燥的,然而,"打拳不练功,到老一场空",没有良好的身体素质、扎实的基本功、准确的基本动作,是达不到武术的至高境界、练不出超凡的身手的。练好基本功可以使复杂动作和套路的学习变得容易,达到事半功倍的效果;同时,通过练习基本功,能增强练习者各关节韧带的柔韧性和灵活性,提高肌肉的弹性和控制能力,进而减少和防止练习中伤害事故的发生。

在练习基本功时,要注意全面练习,不要只练自己感兴趣的动作;不要害怕枯燥,每一个基本动作都要一丝不苟地反复练习,精益求精;特别要注意动作准确、协调,否则,一旦错误动作定型,就很难纠正了。

(三)处理好多与精的关系

武术门派众多,各门各派都有自己的特长,如能虚心学习,取百家之长,补己之短,对自己肯定是大有益处的,对武术的发展也会有推动作用,值得提倡。然而,武术的内容浩瀚如海,一个人即便穷其一生,也无法精通武术的全部内容,而且也是没有必要的。在处理"多"与"精"的关系上,古人理解得非常精辟:"不怕千招会,只怕一招精",意思是练习武术宁可少而精,也不可多而松。

自古以来,有许多以精取胜的事例。如:清代著名形意拳名家郭云深几十年如一日苦练形意拳,其中一招半步崩拳的绝技更是精妙绝伦,仅此一招击败无数武林高手,当时有"半步崩拳打天下"之说。又如太极宗师杨露禅,钻研太极数十年,一生数百次与人交手,从没败过,被人称为"杨无敌"。这些前辈的故事说明练习武术贵精不贵多,只要刻苦研练,练习任何拳种都可以取得极大的成功。

(四)持之以恒,循序渐进

"一日练,一日功,一日不练十日松。"练习武术必须持之以恒,否则,不进则退,前功尽弃。

要想练好武术,还必须遵循武术运动的规律,从基本功开始,由浅入深、由简到繁、由易到难、循序渐进。如果急于求成,没有扎实的基本功,一味追求练习高难动作、绝招,反而会事与愿违,不但收效甚微,还可能造成伤害事故,导致走火入魔。因此,学练武术应该有一个长期的计划和目标。在此基础上,确定阶段的练习内容和要达到的水平,并定期检查练习的效果,作为调整进度的依据。通过检查还可以了解自己的进步程度,体验成就感,保持对武术持久的兴趣。

(五)防止伤害事故

要练好武术几乎不可能不受伤。受伤严重时,不仅影响武术的练习,还会影响我们正常的生活和学习,给身体留下创伤。但是我们不能因为害怕受伤就放弃练习武术。其实,只要了解受伤的原因,采取积极的预防措施,就能降低受伤的概率,保证不出现大的伤害事故。

由于武术运动的特点,在运动中最容易出现肌肉和韧带的拉伤、四肢关节扭伤、腰和膝关节的劳损。肌肉和韧带的拉伤原因主要是在练习幅度较大的动作时,准备活动不够,动作用力过猛;关节扭伤主要是在完成动作时技术动作错误、场地不好和身体疲劳造成的;腰和膝关节的劳损主要是由于武术练习对这两个部位产生了较大的运动负荷。

为了预防运动损伤,首先,要加强全面身体素质练习,尤其是锻炼薄弱部位的肌肉力量;其次,每次练习时,应充分做好准备活动,特别是完成难度动作时应做一些专项准备活动;再次,注意检查练习场地和器械,清除练习场地上的石头和洼坑,加固松动的练习器材;最后,注意科学地安排练习内容和运动负荷,避免局部负荷过重,每次练习后要充分放松,可做一些局部按摩,防止疲劳积累。

第二章　初级长拳(第三路)

第一节　长拳基础知识

一、概述

"长拳"一词最早记载于明朝戚继光《纪效新书·拳经提要篇》中:"古今拳家,宋太祖有三十二势长拳。"清朝中叶,又有太极长拳一百零八势的流传。这里提及的"长拳"很可能是太极拳的前身,与当今的长拳内容差别较大,是两种内容和特点迥然不同的拳种。

现在比赛用的长拳是近三十年发展起来的新拳种。新中国成立以后,为满足武术发展的需要,国家体委把在群众中流传广泛的查、华、炮、洪、弹腿、少林等拳种进行综合整理,根据其风格特点,创编了长拳。它是以套路为主的拳法,既适合基础武术训练,又适用于进行竞赛和提高技术水平。这类拳术的共同特点是:动作舒展大方、快速有力、节奏鲜明,并多起伏转折。在技击上强调长击速打,主动出击,以快制慢,以刚为主。

长拳内容包括基本功、单练套路、对练套路。单练套路又分为两种:规定套路和自选套路。规定套路由国家体委统一制定,分为甲组、乙组、丙组(初级),每个套路又由不同难度和数量的规定动作组成。自选套路是为了适应竞赛和提高的需要,允许运动员在比赛时使用的自编套路,但为了比赛时有一定的可比性,武术竞赛规则对自选套路的动作数量、组别、规格、完成套路的时间都有统一的要求。

二、基本手型

(一)拳

四指并紧卷拢,拇指第一指节屈压于食指中节上(图2-1)。拳心向上(下)为平拳,拳眼向上(下)为立拳。

(二)掌

四指伸直并拢,拇指第一指节屈扣于虎口处(图2-2)。手腕伸直为直掌;向拇指侧伸,掌指朝上为立掌;向拇指侧伸,小指侧向前,掌尖向左(右)为横掌。

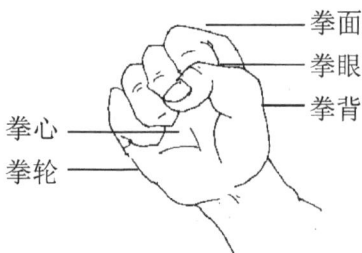

图2-1

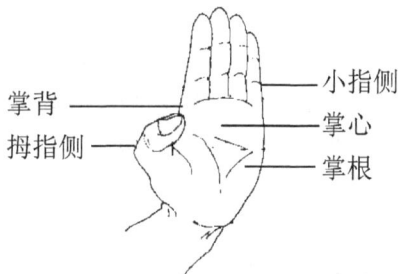

图2-2

(三)勾

五指尖捏拢屈腕(图 2-3)。

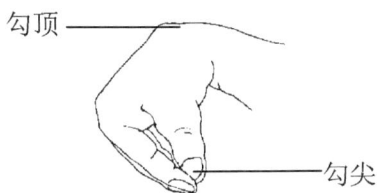

图 2-3

三、基本步型

(1)弓步:两脚前后错步站立,前腿屈膝,大腿水平,膝部与脚面垂直,后腿挺直,全脚掌着地,脚尖朝向斜前 45°。弓步做到"前腿弓,后腿绷"。

(2)马步:两脚左右开立,距离约为脚长 3 倍,屈膝下蹲,大腿接近水平,两脚尖向正前方。

(3)仆步:两脚左右开步,一腿全蹲脚尖稍外展,一腿伸直平铺于地面,脚尖内扣。

(4)虚步:两脚前后错步站立,后腿屈膝下蹲,大腿接近水平,前腿微屈,脚尖虚点地面。

(5)歇步:交叉步站立,两腿全蹲,前脚全脚着地,脚尖外展,后脚前脚掌着地,前腿坐在后腿上。

(6)叉步:两腿交叉,前腿全脚着地,屈膝半蹲,大腿接近水平;后腿挺膝伸直,前脚掌着地,脚尖正向前方。

四、基本手法

(1)冲拳:先屈肘,以拳面为力点直向伸出。

(2)贯拳:拳从侧下方向斜上方弧线横击,臂微屈,拳眼斜向下,力达拳面。

(3)砸拳:臂上举,而后屈臂下砸,拳心向上,力达拳背。

(4)劈拳:拳自上而下快速劈击,臂伸直,力达拳轮。

(5)栽拳:臂由屈到伸自上而下或向前下栽,速度要快,臂伸直,力达拳面。

(6)推掌:先屈肘,以小指侧为力点,立掌向前伸出。

(7)插掌:先屈肘,以指尖为力点,在另一手配合下或贴近身体某部位向前伸出。

(8)按掌:先屈肘,以掌心为力点,横掌向下伸出。

(9)撩掌:直臂,以指侧(掌心、掌背)为力点,从下向前摆至水平或斜下部位。

(10)挑掌:直臂,以拇指侧为力点,从下(或前)摆至上方,手掌由直掌变为立掌。

(11)架掌:屈臂上举,掌心向前上方,以小指侧为力点,横掌于头上。

(12)亮掌:手由同侧绕至上方或横掌。

(13)顶肘:屈肘握拳,拳心向下,肘尖前顶或侧顶,力达肘尖。

(14)盘肘:手臂平举,拳心向下,前臂由外向内屈肘。

五、基本腿法

(1)正踢腿:支撑腿伸直,全脚着地,另一腿挺膝、勾脚向前上摆,脚尖接近前额。

（2）侧踢腿：支撑腿伸直，全脚着地，另一腿挺膝、勾脚尖经体侧上摆，脚尖接近头侧。

（3）里合腿：支撑腿伸直，全脚着地，另一腿从体侧经面前由外向里做扇面形摆动。

（4）外摆腿：同里合腿，摆腿方向相反。

（5）弹腿：支撑腿直立或稍屈，另一腿屈膝提起，当提到近似水平时，以脚尖为力点，绷脚、挺膝向前甩摆。

（6）蹬腿：支撑腿直立或稍屈，另一腿屈膝收提后，以脚后跟为力点，勾脚、挺膝向前猛力伸出。

（7）踹腿：支撑腿直立或稍屈，另一腿屈膝收提后，以脚底为力点，横脚向侧猛力伸出。

（8）单拍脚：支撑腿伸直，另一腿脚面绷平向上踢摆；同侧手在额前迎拍脚面，拍击要响亮。

（9）斜拍脚：同单拍脚，但用异侧手迎拍脚面。

六、长拳的技术要求

（一）身体姿势

身体姿势总的要求是：头正、颈直、挺胸、立腰，上肢动作要舒展、顺畅，下肢动作要轮廓清楚、步法稳固，整体动作的姿势要匀称。

（二）动作方法

在练习中出现的踢、打、摔、拿等技击动作要尽量展开，起止点及路线、力点要清晰。同时，要把动作应有的攻防技击特点体现得清楚准确。动作方法与呼吸方法要紧密结合，如完成纵、跳、腾、翻等由低势转入高势的动作时要采用"提气"；在完成亮相、静势平衡等动作时，采用"托气"，以显示出精神饱满、气势雄伟的特点；在完成冲、劈、砸等动作时，要采用"聚气"增加发力，以气催力；在完成仆步、歇步、马步、弓步等由高势转入低势动作时，采用"沉气"，以利于腹部充实，根基稳健。

（三）动作劲力

劲力是指做动作时的用劲。长拳的劲力要体现有刚有柔，要刚而不僵，柔而不松，刚柔相济。发力的顺序性要强，要有爆发力，要运用先柔后刚的"寸劲"，使力清晰地顺达到动作的力点部位。在用力时，不但要用意念支配动作，还要相应地运用提、托、聚、沉等呼吸方法，做到内外合一。

（四）动作节奏

长拳动作的节奏变换要明显、多样。动、静、快、慢、刚、柔、轻、重等是体现其节奏的主要因素。在套路练习中，没有轻的动作就显不出重的动作来；没有柔的烘托，刚劲就不会表现得明显；没有慢的起动，就显不出快的加速；没有停的稳健，也反映不出动的急速。这些轻与重、刚与柔、动与静等的两个侧面是相比较、相对应而存在的。在练习过程中，把相对应的矛盾展现得越充分、越突出，节奏感就越强。

第二节　初级长拳（第三路）图解

一、动作名称

（一）预备动作

①预备势；②虚步亮掌；③并步对拳。

（二）第一段

①弓步冲拳;②弹腿冲拳;③马步冲拳;④弓步冲拳;⑤弹腿冲拳;⑥大跃步前穿;⑦弓步击掌;⑧马步架掌。

（三）第二段

①虚步栽拳;②提膝穿掌;③仆步穿掌;④虚步挑掌;⑤马步击掌;⑥叉步双摆掌;⑦弓步击掌;⑧转身踢腿马步盘肘。

（四）第三段

①歇步抡砸拳;②仆步亮掌;③弓步劈拳;④换跳步弓步冲拳;⑤马步冲拳;⑥弓步下冲拳;⑦叉步亮掌侧踹腿;⑧虚步挑拳。

（五）第四段

①弓步顶肘;②转身左拍脚;③右拍脚;④腾空飞脚;⑤歇步下冲拳;⑥仆步抡劈拳;⑦提膝挑掌;⑧提膝劈掌、弓步冲拳。

（六）结束动作

①虚步亮掌;②并步对拳;③还原。

二、动作说明

（一）预备动作

1. 预备势

两脚并步站立,脚尖向前;两臂垂于身体两侧,双手成掌自然贴靠腿外侧;眼向前平视(图2-4)。

要领:头正颈直,下颌微收,挺胸、收腹、塌腰、夹腿。

2. 虚步亮掌

①退步砍掌。重心下降,右脚向右后方撤步成左弓步;右掌经体侧向胸前上方划弧,掌心向上,左臂屈肘,左掌提至腰侧,掌心向上;目视右掌(图2-5)。

图2-4

②后移穿掌。左腿蹬地发力使重心后移,右腿微屈;左掌经胸前从右臂上向前上弧线穿出伸直,掌心向上,同时右掌收至腰侧,掌心向上;目视左掌(图2-6)。

③转头亮掌。重心继续后移,左脚稍向右后移,脚尖点地,成左虚步;左臂内旋经左侧向后下方划弧成勾手,勾尖向上,右手继续向后、向右、向前上划弧,屈肘抖腕,在头前上方成亮掌(即横掌),掌心向前,掌指向左;目视左方(图2-7)。

图2-5

图2-6

图2-7

要领:三个动作连贯,双手路线走圆。成虚步时,重心落于右腿上,右大腿与地面平行,上体注意保持正直。

3. 并步对拳

①提膝亮掌。右腿蹬直,左腿提膝,脚尖里扣;身体直立,上身姿势不变(图2-8)。

②上步穿掌。左脚向前迈步,重心前移;左臂屈肘,左勾手变掌经左肋前穿,右臂外旋向前下落于左掌右侧,两掌同高,掌心均向上;头转正,目视前方(图2-9)。

③上步后摆掌。右脚向前上一步,重心前移;两臂下垂,双手经髋侧向后摆掌(图2-10)。

④并步转头对拳。左脚向右脚并步,身体直立;两臂向外、向上经胸前屈肘下按,两掌变拳,拳心向下,拳面相对,停于小腹前;目视左侧(图2-11)。

图2-8　　　　　　　图2-9　　　　　　　图2-10　　　　　　　图2-11

要领:并步后挺胸、塌腰。对拳、并步、转头要同时完成。

(二)第一段

1. 弓步冲拳

①上步格挡。左脚向左横开一步,脚尖向斜前方,右腿微屈,上体微左转,成半马步;同时左臂屈肘向左格挡,拳眼向后,拳与肩同高,右拳收至腰侧,拳心向上;目视左拳(图2-12)。

②蹬地冲拳。上体左转,右腿蹬直成左弓步;右拳成立拳向前冲出,高与肩平,拳眼向上,同时左拳收至腰侧,拳心向上;目视右拳(图2-13)。

图2-12　　　　　　　　　　　图2-13

要领:成弓步时,右腿充分蹬直,脚跟不要离地。冲拳时,尽量转腰顺肩。

2. 弹腿冲拳

重心前移至左腿,右腿屈膝提起,脚面绷直,猛力向前弹出伸直,高与腰平;左拳成立拳向前冲出,右拳收至腰侧,拳心向上;目视前方(图2-14)。

要领:弹腿和冲拳要协调一致,弹出的腿要用爆发力,力点达于脚尖。

3. 马步冲拳

右脚向前落步,脚尖里扣,右脚脚跟后辗,上体左转,两腿下蹲成马步;右拳成立拳向前冲出,高与肩平,同时左拳收至腰侧;目视前方(图 2 - 15)。

图 2 - 14　　　　　　　　　　图 2 - 15

要领:成马步时,大腿接近水平,脚跟外蹬,挺胸、塌腰,冲拳配合转体动作发力。

4. 弓步冲拳

①转体格挡。右脚尖外撇向斜前方,成半马步,上体右转 90°;右臂屈肘向右格挡,拳眼向后,拳与肩同高;目视右拳(图 2 - 16)。

②蹬地冲拳。左腿蹬直成右弓步;左拳成立拳向前冲出,右拳收至腰侧,拳心向上;目视左拳(图 2 - 17)。

图 2 - 16　　　　　　　　　　图 2 - 17

要领:与本段的第一个弓步冲拳相同,左右方向相反。

5. 弹腿冲拳

重心前移至右脚,左腿屈膝提起,脚面绷直,猛力向前弹出伸直,高与腰平;右拳成立拳向前冲出,左拳抱拳于腰侧,拳心向上;目视前方(图 2 - 18)。

要领:与本段的第一个弹腿冲拳相同。

6. 大跃步前穿

①收腿挂掌。左腿屈膝收腿,上体微前倾;右拳变掌内旋,以手背向左下挂至左膝外侧;目视右手(图 2 - 19)。

图 2 - 18

②上步后摆掌。左脚向前落步,重心移至前脚,两腿微屈;右掌继续向后挂,左拳变掌,向后下摆掌伸直;目视右掌(图 2 - 20)。

图 2 - 19　　　　　　　　　　图 2 - 20

③跃步上摆掌。右腿屈膝向前提起,左腿立即猛力蹬地向前跃出,跳起后双小腿后背,身体右转;两掌向前向上划弧摆起;目视左掌(图 2-21)。

④仆步抱拳。右腿落地全蹲,左腿随即落地向前铲出成仆步;右掌变拳抱于腰侧,左掌由上向右、向下划弧成立掌,停于右胸前;目视左脚(图 2-22)。

图 2-21　　　　　　　　　　　　　图 2-22

要领:跳起后在空中要挺身背腿;跃步要远,落地要轻,落地后立即接做下一个动作。

7. 弓步击掌

右腿猛力蹬地,上体左转,重心移向左脚成左弓步;左掌经左脚面向后划弧至身后成勾手,左臂伸直,勾尖向上,右拳由腰侧变掌向前推出,掌指向上,掌外侧向前;目视右掌(图 2-23)。

8. 马步架掌

①转体穿掌。重心移至两腿中间,上体右转,左脚脚尖里扣成马步;右臂向左侧平摆,稍屈肘,同时左勾手变掌由后经左腰侧从右臂内向左上穿出,掌心均朝上;目视左手(图 2-24)。

图 2-23

②转头亮掌。上体继续右转;右掌立于左胸前,左臂向左上屈肘抖腕亮掌于头部左上方,掌心向前上方;头部右转,目视右方(图 2-25)。

图 2-24　　　　　　　　　　　　　图 2-25

要领:亮掌的抖腕动作和转头同时完成,发力要干脆;马步的要领同第一段马步冲拳相同。

(三)第二段

1. 虚步栽拳

①提膝转体。右脚蹬地,屈膝提起,左腿伸直站起,以前脚掌为轴向右后转体 180°;右掌由左胸前向下经右腿外侧向后划弧成勾手,勾尖向后,左臂随体转动并外旋,使掌心朝右;目视右手(图 2-26)。

②虚步栽拳。右脚向右落地,重心移至右腿上,下蹲成左虚步;左掌变拳下落于左膝上,拳眼向里,拳心向后,右勾手变拳,屈肘架于头右上方,拳心向前;头迅速左转,目视左方(图 2-27)。

图 2－26　　　　　　　　　　　图 2－27

2. 提膝穿掌

①转头盖掌。右腿稍伸直;右拳变掌收至腰侧,掌心向上,左拳变掌由下向左上划弧盖压于头上方,掌心向前;头转向右方(图 2－28)。

②提膝穿掌。右腿蹬直,左腿屈膝提起,脚尖内扣;右掌从腰侧经左臂内向右前上方穿出,掌心向上,左掌收至右胸前成立掌;目视右掌(图 2－29)。

图 2－28　　　　　　　　　　　图 2－29

要领:①、②动作连贯完成,支撑腿与右臂充分伸直。

3. 仆步穿掌

右腿全蹲,左腿向左后方铲出成左仆步,脚尖内扣;右臂不动,左掌由右胸前向下经左腿内侧,向左脚面穿出;目随左掌转视(图 2－30)。

4. 虚步挑掌

①弓步前穿。右腿蹬直,重心前移至左腿,成左弓步;左掌随重心前移继续向前上方穿掌,右掌稍下降;目随左掌转视(图 2－31)。

②虚步前挑。右脚向左前方上一步,脚尖点地,左腿半蹲,成右虚步,上体向左转180°;在右脚上步的同时,右掌由后向下、向前上挑起成立掌,指尖与眼平,左掌由前向上、向后划弧成立掌;目视右掌(图 2－32)。

图 2－30　　　　　　　　图 2－31　　　　　　　　图 2－32

要领:上步要快,虚步要稳。

5．马步击掌

①捋手抱拳。右脚落实,脚尖外撇,重心稍升高并右移;右掌俯掌向外捋手,左掌变拳收至腰侧(图2-33)。

②上步横击。左脚向前上一步,以右脚为轴向右后转体180°,两腿下蹲成马步;左拳变掌从右臂上成立掌向左侧击出,力达掌根,右掌变拳收至腰侧;目视左掌(图2-34)。

图2-33　　　　　　　　　　　　　　图2-34

要领:右手做捋手时,先使臂稍内旋、腕伸直,手掌向下向外转,接着臂外旋,掌心经下向上翻转,同时抓握成拳。收拳和击掌要同时进行。

6．叉步双摆掌

①转头下摆掌。重心稍升高、右移;右拳变掌,同时两掌由下向右摆,掌指均向上;目视右掌(图2-35)。

②叉步上摆掌。右脚向左腿后插步,前脚掌着地,上身拧紧;两臂继续由右向上、向左摆,停于身体左侧,均成立掌,右掌停于左肘窝处;目随双掌转视(图2-36)。

图2-35　　　　　　　　　　　　　　图2-36

要领:两臂要划立圆,幅度要大,摆掌与后插步配合一致。

7．弓步击掌

①转身按掌。两腿不动,身体右转;右掌向上、向右划弧,掌心向下按掌,左掌收至腰侧,掌心向上;头转向右方(图2-37)。

②退步击掌。左腿后撤一步,成右弓步;右掌向下向后伸直摆动,成勾手,勾尖向上,左掌成立掌向前推出;目视左掌(图2-38)。

图2-37　　　　　　　　　　　　　　图2-38

要领:退步和推掌协调一致,推掌发力前左腿要蹬住地面。

8. 转身踢腿马步盘肘

①转体抡臂。两脚以前脚掌为轴向左后转体180°,重心移向左脚;在转体的同时,左臂向上、向前划半立圆,右手变掌,右臂向下、向后划半圆;目随左手转视(图2-39)。

②顺势抡臂。上动不停,两脚不动;右臂由后向上、向前划半立圆,左臂由前向下、向后划半立圆;目视前方(图2-40)。

③亮掌正踢腿。上动不停,重心移至左脚,重心升高;右臂向下成反臂勾手,勾尖向上,左臂向上成亮掌,掌心向前上方;右腿伸直,脚尖勾起,向额前正踢腿(图2-41)。

图2-39　　　　　　　　图2-40　　　　　　　　图2-41

④落步拧身。右脚主动向前下压落地,脚尖里扣,上体微向左拧转;右手不动,左臂屈肘下落至胸前,肘平抬,左掌心向下;目视左掌(图2-42)。

⑤马步盘肘。上体左转90°,两腿下蹲成马步;同时左掌向前、向左平捋,变拳后收至腰侧,右勾手变拳,右臂伸直,由体后向右、向前平摆,至体前时屈肘,肘尖向前,高与肩平,拳心向下;目视肘尖(图2-43)。

图2-42　　　　　　　　图2-43

要领:两臂抡动时要划立圆,动作连贯。盘肘要快速有力,右肩前顺。

(四)第三段

1. 歇步抡砸拳

①转头抡拳。重心稍升高,右脚尖外撇;右臂由胸前向上、向右抡直,左臂摆至体侧,两拳拳心向上;目随右拳转视(图2-44)。

②转体抡摆。上动不停,重心升高,两脚以前脚掌为轴,向右后转体180°;随身体转动,右臂向下、向后抡摆,左臂向上、向前抡摆(图2-45)。

③歇步砸拳。紧接上动,两腿全蹲成歇步;左臂随身体下蹲向下平砸,力达拳背,拳心向上,臂部微屈,右臂伸直向上举起;目视左拳(图2-46)。

图2-44　　　　　　　　图2-45　　　　　　　　图2-46

要领:抡臂动作要连贯完成,划成立圆。歇步要两腿交叉全蹲,左腿大、小腿靠紧,臀部贴于左小腿外侧,膝关节在右小腿外侧,脚跟提起;右脚尖外撇,全脚掌着地。

2. 仆步亮拳

①回身横击掌。左脚由右腿后抽出向前上一步,左腿蹬直,右腿半蹲,成右弓步;上体微向右转;左拳收至腰侧,拳心向上,右拳变掌向下经胸前向右横击掌,掌心向下,力达掌沿;目视右掌(图2-47)。

②提膝穿掌。右脚蹬地屈膝提起,上体右转;左拳变掌从右掌上向前穿出,掌心向上,右掌回收,平放至左肘下,掌心向上(图2-48)。

③仆步亮拳。右脚向右落步,屈膝全蹲,左腿伸直,成仆步;左掌向下、向后划弧成勾手,勾尖向上,右掌向右、向上划弧后,抖腕成亮掌,掌心向前,臂微屈;头随右手转动,至亮掌时,目视左方(图2-49)。

图2-47　　　　　　　　图2-48　　　　　　　　图2-49

要领:仆步时,左腿充分伸直,脚尖里扣,右腿全蹲,两脚脚掌全部着地。上体挺胸塌腰,稍左转。

3. 弓步劈拳

①上步掳手。右腿蹬地立起,左腿收回并向左前方上步;右掌变拳收至腰侧,拳心向上,左勾手变掌由下向前上经胸前向左做掳手,掌心横向外;目视左手(图2-50)。

②上步挥摆。右腿经左腿前方向左绕上一步,左腿蹬直成右弓步;左手向左平掳后再向前挥摆,虎口朝前,在左手平掳的同时,右拳向后平摆,拳眼向上(图2-51)。

③弓步劈拳。重心前移成弓步;右拳向上、向前做抡劈拳,力达拳背,拳高与耳平,拳心向上,左掌外旋接扶右前臂;目视右拳(图2-52)。

图2-50

图 2-51　　　　　　　　　　　　　图 2-52

要领:左、右脚上步稍带弧形。

4. 换跳步弓步冲拳

①缩身挂掌。重心后移,右脚稍向后移动,上体微前弓;右拳变掌,右臂内旋以掌背向下划弧挂至右膝内侧,左掌背贴靠右肘外侧,掌指向前;目视右掌(图 2-53)。

②提膝拧身。右腿自然上抬,上体稍向左扭转;右掌挂至体左侧,左掌留在右腋下;目随右掌转视(图 2-54)。

图 2-53　　　　　　　　　　　　　图 2-54

③震脚按掌。右脚以全脚掌用力向下震跺,与此同时,左脚急速离地向后勾起,同时上体右转;伴随转体,右手由左向上、向前搂盖,而后变拳收至腰侧,左掌伸直向上经头上方向前、向下横掌下按,肘关节平屈,掌心向下;目视左掌(图 2-55)。

④弓步冲拳。左脚向前上步,右腿蹬直成左弓步;右拳从左手手背上向前冲出(立拳),拳高与肩平,左掌回收藏于右腋下,掌背贴靠腋窝,掌指向上;目视右拳(图 2-56)。

图 2-55　　　　　　　　　　　　　图 2-56

要领:换跳步动作要连贯、协调。震脚时腿要弯曲,全脚掌着地。左脚离地不要太高。

5. 马步冲拳

左脚蹬转,脚尖内扣,上体右转 90°,重心移至两腿中间,成马步;左掌变拳向左冲出,拳眼向上,右拳收至腰侧,拳心向上;目视左拳(图 2-57)。

6. 弓步下冲拳

右脚蹬直,左腿弯曲,上体稍向左转,成左弓步;左拳变掌向下经体前划弧向上架于头左上方,掌心向上,右拳自腰侧向左前斜下方冲出,拳眼向上;目视右拳(图 2-58)。

图 2-57　　　　　　　　　　　图 2-58

7. 叉步亮掌侧踹腿

①十字交叉。上体稍右转;左掌由头上下落于右手腕上,右拳变掌,两手手腕处交叉成十字,手掌小指侧向前;目视双手(图 2-59)。

②叉步亮掌。右脚蹬地并向左腿后插步,以前脚掌着地;左掌由体前向下、向后划弧成勾手,勾尖向上,右掌由前向右、向上划弧抖腕亮掌,掌心向前;目视左方(图 2-60)。

③侧踹腿。重心移至右腿,左腿屈膝提起,向左上方猛力踹出,脚尖勾紧;上肢姿势不变;目视左侧(图 2-61)。

图 2-59　　　　　　　　图 2-60　　　　　　　　图 2-61

要领:插步时上体稍向右倾斜,腿、臂的动作要一致。侧踹高度不能低于腰,大腿内旋,着力点在脚跟。

8. 虚步挑拳

①落步左挑拳。左脚在左侧落地;左勾手变拳由体后向左上挑,拳背向上,右掌变拳稍后移,拳心向后(图 2-62)。

②提膝前挂拳。上体左转180°,微含胸前俯;左拳继续向前、向上划弧上挑,右拳向下、向前划弧挂至右膝外侧,拳眼向上;同时右膝提起;目视左拳(图 2-63)。

③虚步右挑拳。右脚向左前方上步,脚尖点地,重心落于左脚,左腿下蹲成右虚步;左拳向后划弧收至腰侧,拳心向上,右拳向前屈臂挑出,拳眼斜向上,拳与肩同高;目视右拳(图 2-64)。

图 2 - 62　　　　　　　图 2 - 63　　　　　　　图 2 - 64

要领:挑拳发力与脚尖点地同时完成;虚步大腿接近水平。

(五)第四段

1. 弓步顶肘

①缩身下挂。重心升高,右脚踏实,上身微含胸前俯;右臂内旋向下直臂划弧以拳背下挂至右膝内侧,左拳不变;目视前下方(图 2 - 65)。

②提膝摆臂。左腿蹬直,右腿屈膝上抬,上体右转;左拳变掌,右拳不变,两臂向前向上划弧摆起;目随右拳转视(图 2 - 66)。

图 2 - 65　　　　　　　　　图 2 - 66

③跳换步一。上动不停,左脚蹬地起跳,身体腾空;两臂继续划弧至头上方(图 2 - 67)。

④跳换步二。右脚先落地,右腿屈膝,左脚向前落步,以前脚掌着地;同时两臂向右向下屈肘停于右胸前,右拳变掌,左掌变拳,右掌心贴靠左拳面,目视右掌(图 2 - 68)。

⑤弓步顶肘。左脚向左上一步,右腿蹬直,左腿屈膝成左弓步;同时右掌推左拳,以左肘尖向左顶出,高与肩平;头随顶肘动作转向左方,目视前方(图 2 - 69)。

图 2 - 67　　　　　　　图 2 - 68　　　　　　　图 2 - 69

要领:交换步时不要过高,但要快。两臂抡摆时要成圆弧。

2. 转身左拍脚

①转身抡臂。以两脚前脚掌为轴向右后转体180°，转体后左脚跟半步；随着转体，右臂向上、向右、向下划弧抡摆，同时左拳变掌向下、向后、向前上抡摆(图2-70)。

②左拍脚。身体重心移至右脚，左腿伸直向前上迅速踢起，脚面绷平；左掌变拳收至腰侧，拳心向上，右掌由体后向上经头上向前拍击左脚面；目视右手(图2-71)。

图2-70　　　　　　　　　图2-71

要领：右掌拍脚时手指稍横过来，拍脚要准而响亮。

3. 右拍脚

①左掌后摆。左脚主动向前下压落地；左拳变掌向下、向后摆，右掌变拳收至腰侧，拳心向上(图2-72)。

②右拍脚。身体重心移至左脚，右腿伸直向前上迅速踢起，脚面绷平；左掌由后向上经头上向前拍击右脚面；目视左掌(图2-73)。

图2-72　　　　　　　　　图2-73

要领：接转身左拍脚的上步动作要连贯；其余与本段的转身左拍脚相同。

4. 腾空飞脚

①落脚上步。右脚主动向前下压落地，身体重心迅速移至右腿；上肢姿势保持不变(图2-74)。

②起跳击掌。左脚向前摆起，右腿猛力蹬地跳起，左腿屈膝继续前上摆；同时右拳变掌向前上摆起，左掌先上摆而后下降拍击右掌背(图2-75)。

③空中拍脚。左腿保持屈膝上提，右腿继续上摆，脚面绷平；右手拍击右脚面，左掌由体前向后侧上举；目视右掌(图2-76)。

要领：蹬地要向上，不要太向前冲，左膝尽量上提。击响要在腾空时完成，右臂伸直成水平。

图 2－74　　　　　　　　　　　　图 2－75　　　　　　　　　　　　图 2－76

5. **歇步下冲拳**

①半马步按掌。左脚先落地,右脚随后向前落地成半马步;右掌下落前伸,掌心向下,左掌变拳收至腰侧,拳心向上;目视右手(图 2－77)。

②歇步下冲拳。身体右转 90°,两腿全蹲成歇步;右掌抓握、外旋变拳收至腰侧,左拳由腰侧向前下方冲出,拳心向下;目视左拳(图 2－78)。

图 2－77　　　　　　　　　　　　　　　图 2－78

6. **仆步抢劈拳**

①站起抢臂。两腿蹬地,重心升高;右臂由腰侧向体后伸直,左臂随身体重心升高向上摆起;目随左拳(图 2－79)。

②提膝转体。以右脚前脚掌为轴,左腿屈膝提起,上体左转 270°;左拳由前向后下划立圆,右拳由后向下向前上划立圆(图 2－80)。

③仆步抢劈拳。左脚向后落一步,屈膝全蹲,右腿伸直,脚尖里扣成右仆步;右拳由上向下抢劈,拳眼向上,左拳后上举,拳眼向上;目视右拳(图 2－81)。

图 2－79　　　　　　　　　　　　图 2－80　　　　　　　　　　　　图 2－81

要领:抢臂时一定要划立圆。

7. 提膝挑掌

①弓步抢臂。左腿伸直,重心前移成右弓步;同时右拳变掌由下向上抢摆,左拳变掌稍下落,右掌心向左,左掌心向右(图2-82)。

②提膝挑掌。左、右臂在垂直面上由前向后各划立圆一周,右臂伸直停于头上,掌心向左,指尖向上,左臂伸直停于身后成反勾手;同时右腿屈膝提起,左腿挺膝伸直独立;目视前方(图2-83)。

图2-82　　　　　　　　　　　　　　图2-83

要领:抢臂时要划立圆。

8. 提膝劈掌、弓步冲拳

①提膝劈掌。下肢不动,右掌由上向下猛劈伸直,停于右小腿内侧,用力点在小指一侧,左勾手变掌,屈臂向前停于右上臂内侧,掌心向左;目视右掌(图2-84)。

②退步搂手。右脚向右后落地;身体右转90°;同时左掌变拳收至腰侧,拳心向上,右臂内旋向右划弧做搂手(图2-85)。

③弓步冲拳。上动不停,左腿蹬直成右弓步;右手抓握变拳收至腰侧,拳心向上,左拳由腰侧向左前方冲出,拳眼向上;目视左拳(图2-86)。

图2-84　　　　　　　　　图2-85　　　　　　　　　图2-86

(六)结束动作

1. 虚步亮掌

①扣膝抱掌。右脚蹬地,重心移至左脚,右脚扣于左膝后;两拳变掌,两臂右上左下屈肘交叉于左胸前,掌心向下;目视右手(图2-87)。

②退步舞花。右脚向右后落步,重心后移,右腿半蹲,上体稍右转;同时右掌向上、向右、体前划弧停于左腋下,左掌向左、向上划弧停于右臂上与左胸前,两掌心左下右上;目视左掌(图2-88)。

③虚步亮掌。左脚尖稍向右移,右腿下蹲成左虚步;左臂伸直向左、向后划弧成反勾手,右臂伸直向下、向右、向上划弧抖腕亮掌,掌心向前;目视左方(图2-89)。

图 2-87 图 2-88 图 2-89

要领:亮掌和转头协调一致。

2. 并步对拳

①退步穿掌。左腿向后撤一步;同时两掌从两腰侧向前穿出伸直,掌心向上;目视前方(图 2-90)。

②退步后摆掌。右腿后撤一步;同时两臂分别向体后下摆(图 2-91)。

③并步转头对拳。左脚后退半步与右脚并拢;两臂由后向上经体前屈臂下按,两掌变拳,停于腹前,拳心向下,拳面相对;目视左方(图 2-92)。

图 2-90 图 2-91 图 2-92

3. 还原

两拳变掌,两臂自然下垂;头转向正前方,眼睛向前平视(图 2-93)。

图 2-93

第三节 长拳比赛知识

一、长拳的评分标准

长拳比赛的最高分值为 10 分。评分和扣分标准如下。

（一）动作规格的分值为 6 分

凡手型、步型、手法、步法、身法、腿法、跳跃、平衡等动作方法与规则要求轻微不符者，每出现一次扣 0.05 分；与规格要求显著不符者，每出现一次扣 0.1 分；与规格要求严重不符者，每出现一次扣 0.2 分。一个动作出现多种错误时，最多扣分不得超过 0.2 分。

（二）劲力、协调的分值为 2 分

凡劲力充足，用力顺达，力点准确，手、眼、身法、步协调，动作干净利落者，给予满分。

凡与要求轻微不符者，扣 0.1～0.5 分；显著不符者，扣 0.6～1 分；严重不符者，扣 1.1～2 分。

（三）精神、节奏、风格、内容、结构、布局的分值为 2 分

凡符合精神饱满，节奏鲜明，风格突出，内容充实，结构合理，变化多样，布局匀称者，给予满分。

凡与要求轻微不符者，扣 0.1～0.5 分；显著不符者，扣 0.6～1 分；严重不符者，扣 1.1～2 分。

（四）其他错误扣分

（1）在比赛中，如有遗忘现象，每出现一次，根据不同程度，扣 0.1～0.3 分。

（2）比赛规定完成长拳套路的时间是：成年组和少年组不得少于 1 分 20 秒，儿童组不得少于 1 分钟。如不足规定时间达 0.1～2 秒者，扣 0.1 分；依次类推。

（3）身体的某一部位接触比赛场地外的地面，扣 0.1 分；整个身体出界，扣 0.2 分。

（4）规定套路的动作路线和方向出现错误时，动作路线出现错误按动作规格扣分；动作方向超出规定的方向大于 90°时，每出现一次扣 0.1 分。

（5）规定套路比赛时，每缺少或增加一个手型、步型、手法、步法、身法、腿法、跳跃、平衡动作或规定的方法，扣 0.2 分；自选套路时，动作组别少于规定要求，每少一个规定动作或方法，扣 0.3 分。

二、长拳自选套路的内容规定

（1）拳、掌、勾三种手型和弓步、马步、虚步、仆步、歇步五种步型（女性可以不用马步）。弓步不少于四次，马步和虚步不得少于两次。

（2）五种拳法（其中冲拳不得少于五次）、五种掌法和两种肘法（其中必须有一种进攻性肘法）。

（3）屈伸、直摆、扫转、击响四种不同组别的腿法（其中屈伸性腿法不得少于两种三次）。

（4）三种不同组别的平衡。

（5）三种不同组别的跳跃。

（6）跌扑滚翻动作可选做两种，共出现两次；限制的动作只允许选做一种，出现一次。该两类动作也可不选。

三、其他知识

（一）竞赛分组、排序

武术套路比赛按年龄分为三个组别：成年组（年满 18 岁）、少年组（年满 12 岁，小于 18 岁）、儿童组（小于 12 岁）；按水平分为：甲组、乙组。每个运动员只能参加一个组别的比赛。

运动员的比赛上场顺序由抽签决定。

(二)比赛场地

武术套路比赛是在长 14 米、宽 8 米的地毯上进行,四周内沿标明有 5 厘米宽的边线,在场地的两长边中间各有一条长 30 厘米、宽 5 厘米的中线标记。

(三)礼节

运动员听到上场比赛的点名和赛后示分时,应向裁判长行抱拳礼(抱拳礼:双腿并步站立,左掌右拳在胸前相抱,高与胸齐,拳、掌与胸间距离为 20～30 厘米)。

(四)服装

武术比赛时要求穿着传统中式服装,不符合规定的,不准参加比赛。

第三章　太极拳

太极拳是中国优秀的传统拳术之一,在我国广为流传。随着武术在世界范围的推广,太极拳以它独特的运动风格和显著的健身效果闻名于世。

第一节　太极拳基础知识

一、概述

太极拳名称的由来,是因为它采用中国古代的"阴阳""太极"这一哲学理论来解释拳理,从而被命名为太极拳。

"太极"一词源出《周易》:"易有太极,是生两仪"。"太"就是大的意思,"极"就是开始或顶点的意思。宋朝周敦颐在《太极图说》中第一句话就是"无极而太极",并非说太极从无极产生,而是"太极本无极"之意。太极图是我国古代人们的一种最原始的世界观,拳术和太极说的结合,逐步产生了太极拳术。

关于太极拳的缘起,据考证是于明末清初逐渐形成的。据《温县志》记载,在明思宗崇祯十四年(1641 年),陈王廷任温县"乡兵守备",明亡后隐居家乡,晚年造拳自娱,教授弟子儿孙。陈王廷是卓有创见的武术家,他研究道家的《黄庭经》,并参照戚继光的《拳经》创编了太极拳。太极拳的来源有下列三个方面:①综合吸收了明代各家拳法。戚继光是明代著名武术家、抗倭名将,他总结和整理了明代十六家民间著名拳法,并吸取了其中三十二式编成拳法套路。陈王廷吸收了其中二十九式编入太极拳套路,甚至陈氏的《拳谱》和《拳经总歌》的文辞也仿照戚氏《拳经》,可见其影响之深。②结合了古代导引、吐纳之术。太极拳讲究意念引导动作、气沉丹田、心静体松、重在内壮,把拳术中的手、眼、身、步的协调配合与导引、吐纳有机地结合起来,这就使太极拳成为内外统一的拳术运动。③运用了中国古代的中医经络学说和阴阳学说。太极拳结合经络学说,要求"以意引气,以气运身",内气发源于丹田,以腰为主宰发力于全身。各式传统太极拳也都以太极阴阳学说来概括和解释拳法中各种矛盾变化。

太极拳在长期演变中形成了许多流派,其中流传较广或特点较显著的有以下五式。①陈氏太极拳:刚柔相济,快慢兼具;②杨氏太极拳:匀缓柔和,舒展大方;③吴氏太极拳:柔和紧凑,大小适中;④武氏太极拳:动作灵活,步法轻捷;⑤孙氏太极拳:与武氏太极拳风格相近,开合鼓荡,小巧紧凑,步活身灵。

新中国成立后,太极拳运动得到蓬勃发展。从 20 世纪 50 年代开始,国家体委组织有关专家陆续编写出版了二十四式、八十八式、四十八式太极拳,又将传统的陈、杨、吴、武、孙氏太极拳整理出版。太极拳在国外也得到了广泛的传播,受到各国人民的喜爱。1989 年中国武术研究院编写了适应竞赛的陈、杨、吴、武、孙式太极拳和综合太极拳的套路,为太极拳进一步向世界推广,迈出了可喜的一步。

二、太极拳的保健作用

几个世纪以来，实践证明太极拳是一种重要的健身与预防疾病的手段。近年来，许多科学研究也证明，打太极拳除了可以增强体质外，对高血压、溃疡病、心脏病、肺结核等疾病亦有一定的辅助治疗效果。随着医学的进步和对体育功能的认识，过去一直被忽略的治疗方法——应用体育运动来防治疾病，已经被应用到临床治疗中。从历史记载看，我国是最早应用体育防治疾病的国家之一。在我国最早的医学经典著作《黄帝内经·素问》中就曾提道："其病多痿厥寒热，其治宜导引。"（"导引"是一种体操活动）不仅如此，我国的古代科学家们还进一步用科学的理论解释了"体育"能够健身治病的道理。一千八百多年前，华佗创编了"五禽之戏"作为健身运动，他的理论是："人身常动摇则谷气消、血脉通、病不生，人犹户枢不朽是也。"这都说明"体育"在防病和治病中有着积极的意义。练习太极拳除全身各个肌肉群、关节需要活动外，还要配合均匀的深呼吸与横膈运动，并且特别要求人们在打拳时，尽量做到"心静"，精神贯注。这样，就对中枢神经系统起到了良好的调节作用，从而改善了其他系统与器官的机能活动。

为了证明太极拳的保健作用，北京运动医学研究所对 88 名 50～89 岁的中老年人进行了较详细的医学检查。其中，32 名是经常打太极拳的，56 名是一般正常的中老年人。对比观察的结果证明，常年打太极拳的中老年人，不论在体格方面，还是在心血管系统机能、呼吸机能、骨骼系统及代谢功能方面，都比一般的中老年人状况好。

太极拳是一种合乎生理规律、轻松柔和的健身运动，它能对中枢神经系统产生良好的影响，加强心血管与呼吸的功能，改善消化功能与新陈代谢过程。所以，从医学的观点来看，它是一种良好的保健体操和医疗体操。

三、太极拳的特点

(一)轻松柔和

太极拳的架势比较平稳舒展，动作要求不僵不拘，符合人体的生理习惯，没有忽起忽落的明显变化和激烈的跳跃动作。所以，练习一两遍太极拳以后，会感到身上微微出汗，但不会出现气喘等现象，给人以轻松愉快的感觉。由于太极拳具有这个特点，所以，不同年龄、性别和体质的人都可进行太极拳练习。

(二)连贯均匀

整套太极拳的动作，从"起势"到"收势"，不论动作的虚实变化和姿势的过渡转换，都是紧密衔接、前后连贯，看不出有什么明显停顿的地方。整套动作演练起来，速度均匀，前后连贯，好像行云流水，连绵不断。

(三)圆活自然

太极拳的动作不同于其他拳术，它要求上肢动作处处带有弧形，避免直来直往。通过弧形活动进行锻炼，使动作圆活自然，体现出刚柔相济的特点，使身体各部得到均匀的发展。

(四)协调完整

太极拳不论是整个套路，还是单个动作的姿势，都要求上下相随，内（意念、呼吸）外（躯干、四肢动作）一体，身体各部分之间要密切配合。在练习过程中，要以腰为轴，上肢和下肢动作都由躯干来带动，并且互相呼应，切忌上下脱节或此动彼不动、呆滞等现象。

四、太极拳的动作要领

各式太极拳有不同的流派特征,然而,它们的动作要领基本上是一致的。

(一)神为主帅,意动身随

练习太极拳的全过程都要求用意念引导动作,把注意力贯注到动作中去。例如,做太极拳"起势"两臂徐徐前举的动作,从形象上看,与体操中两臂前平举的动作相似,但在太极拳的练法上,从开始做动作前就要有向前平举的意念;做气沉丹田就要有把气沉到腹腔深处的意念。意不停,动作随之不停,犹如用一条线把各个动作贯穿起来一样。古人在练拳过程中所总结的"神为主帅,意动身随",就是强调用意念引导动作。

(二)注意放松,不用拙力

练习太极拳时,要求在保持身体正常姿势的情况下,身体各部位的肌肉、关节做到最大限度的放松。在做动作的过程中,要避免使用拙力和僵劲,人体的脊柱按自然的状态直立,头、躯干、四肢等部位自然、舒展地活动,达到式式连贯、处处圆活、不僵不拘、周身协调、动作自如的状态。

(三)上下相随,周身协调

太极拳是一种全身性的运动。有人说,打太极拳时全身"一动无有不动""由脚而腿而腰总须完成一气",这些都是形容练太极拳时"上下相随,周身协调"的意思。初学者虽然在理论上也知道要以腰为轴,由躯干带动四肢来进行活动,但往往感到力不从心。在这种情况下,可先练习单式动作,同时练习步法,然后再进行套路练习。

(四)分清虚实,稳定重心

在掌握太极拳身体姿势的动作要领后,要注意动作的虚实和身体的重心。因为在太极拳的套路中,动作之间的连接,以及位置方向的改变,都贯穿着步法的变换和重心的转移,同时,还要讲究身法和手法的运用。不论由虚到实,还是由实到虚,既要分明,又要连贯衔接,做到势断意不断,一气呵成。所谓"迈步如猫行,运动如抽丝",就是对太极拳脚步轻盈和动作均匀的描述。

(五)自然呼吸,气沉丹田

练习太极拳时,由于动作轻松柔和,要求呼吸平和,且要增加呼吸的深度,以满足机体对氧气的需要。太极拳运动强调运用腹式呼吸,以横膈上下活动完成"气沉丹田",让腹部存养含蓄,不使上浮,这样在练拳时就不至于因缺氧而气喘,并有助于重心稳定。注意,含胸拔背有助于"气沉丹田"。

五、太极拳对身体各部位姿势的要求

(一)头部

练习太极拳时,对头部姿势的要求是很严格的。所谓"头顶悬""虚领顶劲",或"提顶""吊顶"的说法,都是要求练习者头向上顶,避免颈部肌肉硬直,更不要东偏西歪或自由摇晃。头颈动作应与身体方向位置的变换、躯干的旋转相呼应,做到上下连贯协调一致。同时,面部表情要自然,下颌向里为微收,口自然合闭,舌尖轻轻顶住上颚。

眼神要随着身体的转动,注视前手(个别时候看后手)或平视前方,既不可皱眉怒目,也不要随意闭眼或精神涣散。打拳时,神态力求自然,注意力一定要集中,不要东张西望,否则会影响锻炼效果。

（二）躯干部

针对胸背，太极拳要领中指出要"含胸拔背"，或者"含蓄在胸，运动在两肩"，意思是说在锻炼过程中要避免胸部外挺，但也不要过分内缩，应顺其自然。"含胸拔背"是互相联系的，背部肌肉随着两臂伸展动作，尽量地舒展开，同时注意胸部肌肉要自然松弛，不可使其紧张，这样胸就有了"含"的意思，背也有"拔"的形式，从而可免除胸肋间的紧张，呼吸调节也自然了。

腰在人体起着非常重要的作用，保持人体行、站、坐、卧的正确姿势。在练习太极拳的过程中，身体要求端正，不偏不倚。拳术家说"腰脊为第一之主宰""刻刻留心在腰间，腹内松劲气腾然""腰为车轴"等，都是强调如果腰部力量中断或在身体转动中起不了车轴的作用，就不可能做到周身完整一气。练习时，无论进退或旋转，凡是由虚而逐渐落实的动作，腰部都要有意识地向下松垂，以帮助气的下沉。注意，腰腹不可用力前挺，以免影响转换时的灵活性。同时，腰部向下松垂，可以增加两腿力量，使下盘（下盘指髋关节以下身体部位）得到稳固，使动作既圆活又完整。在配合松腰的要领当中，脊椎骨要根据生理正常姿势竖起，不可因松腰而故意后仰前挺或左右歪斜，以免造成胸肋或腹部肌肉的无谓紧张。

对于臀部，练太极拳时要做到"垂臀"（或称"敛臀"），这是为了避免臀部突出而破坏身体的自然状态。练习时，要注意臀部自然下垂，不要左右扭转。在松腰、正脊的要求下，臀部肌肉要有意识地收敛，以维持躯干的正直。总之，垂臀和顶头的要求一样，应用意念调整，而不是用力去控制。

（三）腿部

在练习太极拳的过程中，进退的变换、发劲的根源和周身的稳定，都靠腿部来控制。因而在锻炼时，要特别注意在重心移动的过程中脚放的位置和腿弯的程度。练拳人常讲，"其根在脚，发于腿，主宰于腰，形于手指"，可见腿部动作姿势的好坏，关系着整体动作的正确与否。

腿部活动时，首先要求髋和膝关节放松，这样可以保证进退灵便。脚的起落要轻巧灵活；前进时脚跟先着地，后退时前脚掌先着地，然后慢慢踏实。

初学的人，往往感到顾了手顾不了脚，而且大多数人只注意了上肢的动作，而忽略了腿脚的动作，以致影响了整体动作的练习。因此，应该充分认识腿脚动作在姿势变换中的重要性，认真学好各种步型步法。在练习时，必须注意腿部动作的虚实，除"起势""收势"和"十字手"外，避免重心同时落在两腿上。所谓腿部动作的虚实，就是重心在右腿则右腿为实，左腿为虚；重心在左腿则左腿为实，右腿为虚。但是，为了维持身体平衡，虚脚还要起着一个支点的作用（如虚步的前脚及弓步的后脚）。总之，既要分清虚实，又不要绝对化。这样，进退转换不仅动作灵活稳定，而且可使两腿轮换负荷与休息，减少肌肉的紧张和疲劳。

做上步时，要以一腿弯曲支持体重，另一腿轻轻提起前伸（不可僵挺），脚跟自然落下，然后全脚慢慢踏实向前弓腿，这样进退自然，步幅适当。做退步动作时，前脚掌要先着地。蹬脚、分脚动作，宜慢不宜快（个别动作除外），应保持身体平衡稳定。摆脚动作（"摆莲脚"）或拍脚动作，不可紧张，根据个人技术情况手不拍脚也可以。

（四）臂部

太极拳术语中讲"沉肩垂肘"，就是要求这两个部位的关节放松。肩、肘两个关节是相关联的，能沉肩就能垂肘。运动时应经常注意肩关节松开下沉，并有意识地向外引伸。

太极拳对手掌部位的要求是：凡是收掌的动作，手掌应微微含蓄，但又不可软化、飘浮；当手掌前推时,除了注意沉肩垂肘之外,同时手腕要微向下塌,但不可弯得太大。手法的屈伸翻转,要力求轻松灵活。出掌要自然,手指要舒展(微屈)。拳要松握,不要太用力。

手和脚的动作是完整一致的,如果手过度向前引伸,就容易把臂伸直,达不到"沉肩垂肘"的要求;而过分的沉肩垂肘,忽略了手的向前引伸,又容易使臂部过于弯曲。总之,做动作时,臂部始终要保持一定的弧度,推掌、收掌动作都不要突然断劲,这样才能做到既有节奏,又能连绵不断、轻而不浮、沉而不僵、灵活自然。

六、太极拳的八法五步

太极拳过去又被称为太极十三势,即由八法和五步构成。八法是指掤、捋、挤、按、采、挒、肘、靠;五步是指进、退、顾、盼、定。

(一)八法(八种劲法)

(1)掤劲:掤劲是向上向前之劲。掤劲似围墙,意御敌于门外,用于攻防和走化,是太极拳中的主劲,故列八法之首。太极拳处处要有掤意,要求两臂具有一种圆撑力,这种圆撑力是由内向外的膨胀力,在任何情况下均有一定的弹性。

(2)捋劲:捋劲是根据对方的来劲,进行走化,在太极拳中为化劲。捋时,前面一个手劲点在近腕部的尺骨处,轻贴在对方的肘部,后面一个手劲点在掌心或掌背,接触在对方的腕部处,两手相距对方一小臂间距离。它可以根据对方外力的变化情况,向自身侧面斜线走化,因势利导,化开对方之劲,然后可变着进击。

(3)挤劲:挤劲是在捋开对方来劲之后,可随时以挤手进而攻之,把对方击出。挤为进攻劲,在推手时,常与捋劲配合使用。

(4)按劲:使用按劲时,先用提劲向上向左或向右化对方来力,两手按在对方身体某一部位用长劲发之。按是进攻劲,按手的关键在腰部,发按劲靠腰的长往进攻,不能单靠手的力量。

(5)采劲:采劲是指采制对方的劲力。它是形容手法如采摘果实或花朵,不要太轻,也不能太重,其技法又如采茶、捉蝉似的,以巧为尚。采劲应用时一松一紧或一落即发,先沉后提或先顺后逆。在运用短促抓拿时,迅速一闪,使对方来劲突然落空扑跌倒地的巧取法就是采劲的运用。

(6)挒劲:挒劲是一种向外横推或横采之力,可使对方身体扭转而失重。挒劲顺对方出力的方向循弧线用力,使对方旋转而不能自主,只得被提空而抛出。

(7)肘劲:以肘击人。"肘在屈使",用屈肘向对方心窝或其他关节部位贴身封逼,发劲充足,击人十分锐利,而使对方受伤,因此要慎用。

(8)靠劲:用肩、背向外击人之力为之靠。靠劲多在贴身之后,发出的外挤推力。靠劲一般在对方用蛮力向后牵拉时,趁机取巧而用。

(二)五步

五步是进、退、顾、盼、定,即前进、后退、左顾、右盼、中定。一般人认为它是步法,实际上它超越了步法。有人认为,前进、后退为步法,左顾、右盼是腿法,中定是身法,对于盘拳架来说,可以这样认为。对于推手来说,进、退、顾、盼、定都要在技击中配合八法使用,所以它应纳入技法范围。在技击中,进、退不仅包括步子的进退,还包括身体与手肘的进退,顾、盼不仅包括眼神,还包括腰腿手肘之顾盼。中定是所有技法之核心。

(1)进法:用于拳架,要求迈步似猫行,轻灵沉稳。用于推手,一是移动重心,二是配合八法协助发劲。

（2）退法：包括防御和进攻两个方面。防御用于引进落空，如用挒式时，是积极的防御。进攻用在边退边攻，退中求打，如倒撵猴。

（3）左顾右盼：用在拳上，眼神主要是注视拳的运动方向，同时须顾及身体的两侧。所谓"以眼领手""以眼领身"，推手时更应注意如下二点：一是要注视对方的眼神，由对方的眼神来判断其动作的方向；二是要注视自身的两侧。

（4）中定：中定是太极推手的核心。在推手中要保持自己的中定，去破坏对方的中定。失去"中"，就失去稳定性，也称为"背"。站桩是静态的平衡，盘拳架子是自身的动态平衡，推手是在双方相互作用下的动态平衡，它比自身的动态平衡难度大。中定的方法，一是要气沉丹田，下盘稳健；二是要以腰为轴，灵活转变，要让对方找不到我的"中"，"人不知我，我独知人"，才能立于不败之地。

七、初学太极拳的注意事项

（一）练好基本动作，不要急于求成

从表面看，太极拳运动轻松自如，没有难度，其实，它对周身各部位都有较高的要求，其运动的方法与我们的日常活动有较大的区别。初学者很难一开始就做到全身协调、形神兼备，常常不能分清动作的起止、手脚不能兼顾、体会不到动作的发力顺序。相对于套路来讲，太极拳的基本功和基本动作要简单得多。有的练习几乎是静止不动，如无极桩；有的仅有手部动作，如升降桩、开合桩；有的只做脚下练习，如单独步法练习。因此，初学者从基本功和基本动作入手，就不容易出现错误动作，才能体会到太极运动的劲力、方法、配合。

太极拳界历来流传"十年练架子，十年练套路，十年练推手"的说法，也就是说非三十年不能领会太极精髓，尽管把练习太极拳的各阶段划分太长，但却充分说明，练习太极拳要打架子（基本动作）、练套路，最后才能用于实战技击。

（二）速度要均匀

初学太极拳时宜慢不宜快，从慢上练功夫、打基础。先把动作学会，把握动作要领，熟练以后，不论速度稍快或稍慢，都要从头到尾保持均匀。打一套"简化太极拳"，正常的速度是 4～5 分钟，有的人慢练，可长达 8～9 分钟，但也不可太慢。

（三）架势不可忽高忽低

初学时架势可以高一点，也可低一点，但在"起势"时就要确定高低程度，以后整套动作要大体上保持同样的高度（除"下势"以外）。体弱者最好采用高一点的架势练习，随着动作的熟练和体质的增强，再练中型架势或低一点的架势。

（四）要掌握适当的运动量

太极拳运动虽然不如其他拳术和其他运动项目那样剧烈，但是它要求上下肢在一定的弯曲下做慢动作，加之要求全身内外上下高度协调统一，所以，还是有一定运动量的。特别是下肢的运动量比较大。因为打太极拳，一方面，要求两腿分清虚实，体重经常由一条腿来负担，而这条腿又是在膝关节弯曲情况下来支撑体重的；另一方面，由一个姿势转到另一个姿势、重心由一腿过渡到另一腿上时要求缓慢，用的时间较长，这就大大增加了下肢的负荷量。所以，初学者练完一两趟"简化太极拳"，往往会感到两腿酸痛，这是正常的生理现象。坚持练下去，这种腿部酸痛现象就会消失。

　　每次锻炼的时间长短、趟数多少、运动量大小，应根据工作和学习情况及自己的体质而定。一般健康无病的人，运动量可以略大一些，可以连续打一趟或两趟。老年人和体弱者要根据自己的身体情况，适当调节运动量，可以单练一组或几组；也可以专练一两个式子，如"揽雀尾""云手""起势"等；也可以架势稍高一些，如"弓步"的前腿应当是膝盖与脚尖在一条垂线上，这时，膝关节弯曲度可略小一些。患有不同伤病的人，每次的运动量不宜太大，要注意循序渐进，逐步加大运动量，必要时应征求医生的意见。总之，在初练太极拳时，运动量的掌握要因人而异，因病制宜，不应贪多求快，急于求成。

（五）要持之以恒

　　练太极拳同从事其他体育锻炼一样，贵在坚持。不仅开始时要积极参加练习，而且一定要坚持练下去。根据自己工作或学习的时间情况，最好每天能安排一定的时间进行练习，切不可"三天打鱼，两天晒网""一曝十寒"，或是认为已经练会了，或者感到病情有所好转，就不再继续坚持练习。否则，不仅不能逐步提高太极拳的技术水平，不能做到精益求精，更重要的是不能起到增强体质和治病防病的效果。一般情况下，每天在上班前、下班后或工间操、课间操时间，在本单位的院落、空地都可以练习。有条件的最好能在清晨或晚间，到就近的公园、树林、广场、河边、空地等空气清新和环境安静的地方练习。如果这些地方设有太极拳辅导站，可以参加集体学习，收效会更好一些。

第二节　二十四式简化太极拳

　　二十四式简化太极拳是国家体委组织有关专家，在杨式太极拳的基础上，简化原有的套路而创编的。它不仅简单易练，而且保留了杨式太极拳的技术精华，具有极佳的健身功能和丰富的技击招法。

一、动作名称

（一）第一组
①起势；②左右野马分鬃；③白鹤亮翅。
（二）第二组
①左右搂膝拗步；②手挥琵琶；③左右倒卷肱。
（三）第三组
①左揽雀尾；②右揽雀尾。
（四）第四组
①单鞭；②云手；③单鞭。
（五）第五组
①高探马；②右蹬脚；③双峰贯耳；④转身左蹬脚。
（六）第六组
①左下势独立；②右下势独立。
（七）第七组
①左右穿梭；②海底针；③闪通臂。
（八）第八组
①转身搬拦捶；②如封似闭；③十字手；④收势。

二、动作说明

(一)第一组

1. 起势

①开步站立。身体自然直立,两脚开立,与肩同宽,膝关节微微弯曲,脚尖向前;两臂自然下垂,两手放在大腿外侧;目向前平视(图3-1)。

要领:全身放松,头颈正直;排除杂念,精神集中,呼吸自然。

②提气升掌。随吸气重心慢慢升高;两臂慢慢向前平举,两手高与肩平,与肩同宽,手心向下(图3-2)。

③屈膝按掌。上体保持正直,两腿屈膝下蹲;同时两掌轻轻下按至腹前,两肘下垂与两膝相对;目向前平视(图3-3)。

图3-1　　　　　　　　　图3-2　　　　　　　　　图3-3

要领:下蹲时上体要保持正直,不可前俯后仰;手的升降动作与两腿的屈伸、呼吸配合一致;呼吸均匀细长。

2. 左右野马分鬃

(1)野马分鬃一。

①丁步抱球。上体微向右转,身体重心移至右腿上;同时右臂收在胸前平屈,手心向下,左手经体前向右下划弧放在右手下,手心向上,两手心相对成抱球状;左脚随即收到右脚内侧,脚尖点地;目视右手(图3-4)。

要领:抱球手离身体30厘米左右,双肘不要内夹。

②转体迈步。上体微向左转,左脚向左前方迈出,脚跟着地;两手掌微微分开;目视左手(图3-5)。

要领:迈步落脚要轻,重心留在右脚,不要急于前移。

③弓步分掌。右脚跟后蹬,右腿自然伸直,左腿前弓,脚掌慢慢踏实,成左弓步;同时上体继续向左转,左、右手随转体慢慢分别向左上、右下分开,左手高与眼平,手心斜向上,肘微屈,右手落在右胯旁,肘也微屈,手心向下,指尖向前;目随左手转视(图3-6)。

图3-4　　　　　　　　　图3-5　　　　　　　　　图3-6

要领:分掌和弓步动作同时完成;胸微微内含,双臂保持自然弧形。

(2)野马分鬃二。

①重心后坐。上体慢慢后坐,身体重心移至右腿,左脚尖翘起;上肢动作保持不变(图 3-7)。

要领:重心后坐时,上体保持正直,不要前俯后仰。

②前移抱球。左脚尖微向外撇(大约 45°~60°),身体左转,随后右腿蹬伸,左腿慢慢前弓,脚掌慢慢踏实,身体重心慢慢移至左腿;同时左臂收在胸前平屈,掌心翻转向下,右手向左上划弧放在左手下,手臂外旋,掌心上翻,两手心相对成抱球状;目视左手(图 3-8)。

③丁步收腿。当重心移至前腿后,右脚慢慢收到左脚内侧,脚尖点地;目视左手(图 3-9)。

图 3-7   图 3-8   图 3-9

要领:收腿过程中左腿保持弯曲,身体重心不要升高。成丁步后,右脚虚点地面,重心完全在左脚。

④斜向进步。右腿向右前方斜向迈出,脚跟着地;两手掌微微分开;目视右手(图 3-10)。

要领:迈步落脚要轻,重心留在左脚,不要急于前移。

⑤弓步分掌。左腿自然伸直,右腿前弓成右弓步;同时上体右转,左、右手随转体分别慢慢向左下、右上分开,右手高与眼平(手心斜向上),肘微屈,左手落在左胯旁,肘也微屈,手心向下,指尖向前;目随右手转视(图 3-11)。

要领:右手分掌动作要和身体右转配合,做到以腰带手。其余同野马分鬃一③。

图 3-10   图 3-11

(3)野马分鬃三。

①重心后坐。上体慢慢后坐,身体重心移至左腿,右脚尖翘起;上肢动作保持不变(图 3-12)。

要领:同野马分鬃二①。

②前移抱球。右脚尖微向外撇(大约 45°~60°),身体右转,随后左腿蹬伸,右腿慢慢前弓,脚掌慢慢踏实,身体重心慢慢移至右腿;同时右臂收在胸前平屈,掌心翻转向下,左手向右上划弧放在右手下,手臂外旋,掌心上翻,两手心相对成抱球状;目视右手(图 3-13)。

③丁步收腿。当重心移至前腿后,左脚慢慢收到右脚内侧,脚尖点地;目视右手(图 3-14)。

要领:同野马分鬃二③。

图 3－12　　　　　　　　　　图 3－13　　　　　　　　　　图 3－14

④斜向进步。左腿向左前方斜向迈出，脚跟着地；两手掌微微分开；目视左手（图 3－15）。

要领：同野马分鬃二④。

⑤弓步分掌。右腿自然伸直，左腿前弓成左弓步；同时上体左转，左、右手随转体分别慢慢向左上、右下分开，左手高与眼平（手心斜向上），肘微屈，右手落在右胯旁，肘也微屈，手心向下，指尖向前；目随左手转视（图 3－16）。

要领：同野马分鬃二⑤，左右方向相反。

图 3－15　　　　　　　　　　　图 3－16

完整练习提示：以起势站位的左方为正前方，野马分鬃的三次迈步方向为左右 30°，成之字形路线；迈步动作时，重心不要急于前移，等脚跟着地后再慢慢移动重心；在重心的前后移动中，身体不要前俯后仰，重心不要有太大的起伏。

3. 白鹤亮翅

①跟步抱球。上体微向左转，右脚跟进半步；左手翻掌向下，左臂平屈胸前，右手向左上划弧，手心转向上，与左手成抱球状；目视左手（图 3－17）。

②虚步亮掌。上体后坐，身体重心移至右腿，上体先向右转，面向右前方，眼看右手；然后左脚稍向前移，脚尖点地，成左虚步，同时上体再微向左转，面向前方；两手随转体慢慢向右上、左下分开，右手上提停于右额前，手心向左后方，左手落于左胯前，手心向下，指尖向前；目随右手转视（图 3－18）。

图 3－17　　　　　　　　　　图 3－18

(二)第二组

1. 左右搂膝拗步

(1)搂膝拗步一。

①转体侧抱。右手从体前下落,由下向右后上方划弧至右肩外侧,肘微屈,手与耳同高,手心斜向上,左手由左下向上、经面部、向右下方划弧至右胸前,手心斜向下;同时上体也微向左再向右转;左脚收至右脚内侧,脚尖点地;目视右手(图3-19)。

②弓步推掌。左脚向左前迈出,右脚蹬伸,重心前移成左弓步,上体左转;同时右手屈回由耳侧向前推出,高与鼻尖平,左手向下从左膝前搂过落于左胯旁,指尖向前;目随右手转视(图3-20)。

　　　图3-19　　　　　　　　　　　　图3-20

要领:搂手、推掌动作与重心前移协调一致;上身不要前俯,肘关节微屈;右掌由耳侧向前推出过程中,手腕由直逐渐坐腕,由开始的掌指向前穿变为最后的掌根前推。

(2)搂膝拗步二。

①重心后坐。右腿慢慢屈膝,上体后坐,身体重心移至右腿,左脚尖翘起;上肢姿势不变(图3-21)。

②丁步侧抱。左脚尖微向外撇,身体左转,随后身体重心移至左腿,右脚收到左脚内侧,脚尖点地;同时左手由左后向上划弧至左肩外侧,肘微屈,手与耳同高,手心斜向上,右手随转体向上、向左下划弧落于胸前,手心斜向下;目视左手(图3-22)。

③弓步推掌。右脚向右前迈出,脚跟着地,左脚蹬伸,重心前移成右弓步,上体右转;同时左手屈回由耳侧向前推出,高与鼻尖平,右手向下从右膝前搂过落于右胯旁,指尖向前;目随左手转视(图3-23)。

　　图3-21　　　　　　　　图3-22　　　　　　　　图3-23

(3)搂膝拗步三。

①重心后坐。左腿慢慢屈膝,上体后坐,身体重心移至左腿,右脚尖翘起;上肢姿势不变(图3-24)。

②丁步侧抱。右脚尖微向外撇,身体右转,随后身体重心移至右腿,左脚收到右脚内侧,脚

尖点地;同时右手向外翻掌由右后向上划弧至右肩外侧,肘微屈,手与耳同高,手心斜向上,左手随转体向上、向右下划弧落于胸前,手心斜向下;目视右手(图 3-25)。

③弓步推掌。左脚向左前迈出,脚跟着地,右脚蹬伸,重心前移成左弓步,上体左转;同时右手屈回由耳侧向前推出,高与鼻尖平,左手向下从左膝前搂过落于左胯旁,指尖向前;目随右手转视(图 3-26)。

图 3-24　　　　　　　　　　　图 3-25　　　　　　　　　　　图 3-26

完整练习提示:三次动作的迈步方向为左右 30°,成之字形路线;完整练习各步骤要连贯,但不要漏做重心后移、脚尖外摆的衔接过程。

2. 手挥琵琶

①顺势跟步。重心随弓步推掌动作继续前移,右脚跟进半步,上肢姿势不变,目视右手(图 3-27)。

②后坐挑掌。上体后坐,身体重心移至右腿上,上体半面向右转,左脚略提起稍向前移,变成左虚步,脚跟着地,脚尖翘起,膝部微屈;同时左手由左下向上挑举,高与鼻尖平,掌心向右,臂微屈,右手收回放在左臂肘部里侧,掌心向左;目视左手食指(图 3-28)。

图 3-27　　　　　　　　　　　图 3-28

3. 左右倒卷肱

(1)倒卷肱一。

①转体托掌。上体右转,右手翻掌(手心向上)经腰侧由下向后上方划弧平举,臂微屈,左手随即翻掌向上;眼的视线随着向右转体先向右看,再转向前方看左手(图 3-29)。

要领:上体右转不要太大,右手向后上托掌后,双臂保持自然弯曲,配合含胸拔背合抱成圆弧。

②退步推掌。左腿轻轻提起向后(偏左)退一步,前脚掌先着地,然后全脚慢慢踏实,身体重心移至左腿上,右脚随转体以脚掌为轴扭正,脚跟离地,成右虚步;同时右臂屈肘折向前,右手由耳侧向前坐腕推出,手心向前,左臂屈肘后撤,左手回抽至腰侧,手心向上;目视右手(图 3-30)。

图 3 - 29　　　　　　　　　　　图 3 - 30

要领：退步时，左脚向左后方斜向插步，避免两腿落在正方向的同一直线上；右手推掌不要完全伸直，保持肘关节微微弯曲，肘尖自然下垂，做到沉肩垂肘；右手前推和左手回抽要配合转体在胸前交错进行。

（2）倒卷肱二。

①转体托掌。上体微向左转，同时左手随转体向左上方划弧平举，手心向上，右手随即翻掌，掌心向上；眼随转体先向左看，再转向前方看右手（图 3 - 31）。

②退步推掌。右腿轻轻提起向后（偏右）退一步，前脚掌先着地，然后全脚慢慢踏实，身体重心移至右腿上，左脚随转体以脚掌为轴扭正，脚跟离地，成左虚步；同时左臂屈肘折向前，左手由耳侧向前坐腕推出，手心向前，右臂屈肘后撤，右手回抽至腰侧，手心向上；目视左手（图 3 - 32）。

图 3 - 31　　　　　　　　　　　图 3 - 32

（3）倒卷肱三。

①转体托掌。上体微向右转，同时右手随转体向右上方划弧平举，手心向上，左手随即翻掌，掌心向上；眼随转体先向右看，再转向前方看左手（图 3 - 33）。

②退步推掌。与倒卷肱一②相同（图 3 - 34）。

图 3 - 33　　　　　　　　　　　图 3 - 34

（4）倒卷肱四。

①转体托掌。与倒卷肱二①相同（图 3 - 35）。

②退步推掌。与倒卷肱二②相同(图 3－36)。

图 3－35　　　　　　　　　　　　图 3－36

完整练习提示：在向后退步的过程中，支撑腿要保持一定的弯曲度，使重心在移动中水平后移，没有上下起伏；转体托掌和退步推掌连贯完成，中间不要有停顿；最后退右脚时，右脚尖要外转，便于做"左揽雀尾"的动作。

(三)第三组

1. 左揽雀尾

①转体抱球。身体重心落在右腿上，上体向右转，左脚收到右脚内侧，脚尖点地；同时，左手自然下落逐渐翻掌经腹前划弧至右肋前，手心向上，掌指向右，右手由腰间向右向上弧线撩掌，至肩高时右臂屈肘，手掌收至右胸前，手心转向下，掌指向左，两手相对成抱球状；目视右手(图 3－37)。

②弓步掤。上体微向左转，左脚向左前方迈出，脚跟着地，上体继续向左转，右腿自然蹬直，左腿屈膝，成左弓步；同时左臂向左前方掤出(即左臂平屈成弓形，用前臂外侧和手背向前方推出，高与肩平，手心向后)，右手向右下落放于右胯旁，手心向下，指尖向前；目视左前臂(图 3－38)。

图 3－37　　　　　　　　　　　图 3－38

要领：迈步时不要急于做上肢动作，掤要配合重心前移完成，做到手脚同时到位；左臂自然弯曲，右臂微屈外撑，配合胸微微内含，形成圆滑的弧形。

③后坐将。身体微向左转，左手随即向左前摆伸，手指前指，掌心向下，同时右手翻掌向上，经腹前向上、向前伸至左前臂下方(图 3－39)。然后身体右转，重心移至右腿；同时两手下将(即上体向右转，两手回拖右髋斜前方，右手继续向后上方划弧，直至右手高与肩平，手心向上，同时左手沿身体右侧上升直至左臂平屈于胸前，手心向后)；目随右手转视(图 3－40)。

要领：双手左前摆伸时，上体不要前俯，身体只配合微微左转；双手回拖时，要配合身体右转从左上方向右下方弧线斜带，不可直线回抽。

④弓步挤。上动不停，上体微向左转，右臂屈肘折回，右手附于左手腕里侧。右腿蹬伸，身体重心逐渐移向左脚变成左弓步，同时上体继续向左转；同时双手向前慢慢挤出，左手心向后，

右手心向前,左前臂要保持半圆;目视左手腕部(图3-41)。

图3-39　　　　　　　　图3-40　　　　　　　　图3-41

⑤后坐收掌。左手顺势前伸翻掌,右手经左腕上方向前、向右伸出,双手掌指向前,掌心向下,与肩同高,两手左右分开,宽与肩同(图3-42)。然后左脚蹬伸,右腿屈膝,上体慢慢后坐,身体重心移至右腿上,左脚尖翘起;同时两手屈肘回收至腹前,手心均向前下方;目视前方(图3-43)。

⑥弓步按掌。上动不停,右腿蹬伸,身体重心慢慢前移,左腿前弓成左弓步;同时两手向前、向上按出,掌心向前;目视前方(图3-44)。

图3-42　　　　　　　　图3-43　　　　　　　　图3-44

要领:按掌不要完全伸直,保持肘关节微微弯曲,肘尖自然下垂,做到沉肩垂肘;后坐收掌后两手不要停顿,连续做按掌。

2. 右揽雀尾

①转体抱球。上体后坐并向右转,身体重心移至右腿,左脚尖里扣;右手经体前向右在水平面划弧至右侧,左手位置不变,双臂肘关节微屈,双手保持立掌,掌心向斜前方;目随右手转视(图3-45)。右腿蹬伸,身体重心移至左腿上;右手自然下落,左臂向上屈肘(图3-46)。然后右脚收至左脚内侧,脚尖点地;同时右手由右下经腹前向左上划弧至左肋前,手心向上;左臂屈肘后平屈于胸前,左手掌心向下与右手成抱球状;目视左手(图3-47)。

图3-45　　　　　　　　图3-46　　　　　　　　图3-47

要领:重心移动过程要做清楚,做到虚实分明;双掌分开后,不要伸太直,保持自然弯曲,微微向前合抱。

②弓步掤。上体微向右转,右脚向右前方迈出,脚跟着地,上体继续向右转,左腿自然蹬直,右腿屈膝,成右弓步;同时右臂向右前方掤出(即右臂平屈成弓形,用前臂外侧和手背向前方推出,高与肩平,手心向后),左手向左下落放于左胯旁,手心向下,指尖向前;目视右前臂(图3-48)。

③后坐捋。身体微向右转,右手随即向右前摆伸,手指前指,掌心向下,同时左手翻掌向上,经腹前向上、向前伸至右前臂下方(图3-49)。然后身体左转,重心移至左腿;同时两手下捋(即上体向左转,两手回拖左髋斜前方,左手继续向后上方划弧,直至左手高与肩平,手心向上,同时右手沿身体左侧上升直至右臂平屈于胸前,手心向后);目随左手转视(图3-50)。

图3-48   图3-49   图3-50

要领:同左揽雀尾③。

④弓步挤。上动不停,上体微向右转,左臂屈肘折回,左手附于右手腕里侧。左腿蹬伸,身体重心逐渐移向右脚变成右弓步,同时上体继续向右转;同时双手向前慢慢挤出,右手心向后,左手心向前,右前臂要保持半圆;目视右手腕部(图3-51)。

⑤后坐收掌。右手顺势前伸翻掌,左手经右腕上方向前、向左伸出,双手掌指向前,掌心向下,与肩同高,两手左右分开,宽与肩同(图3-52)。然后右脚蹬伸,左腿屈膝,上体慢慢后坐,身体重心移至左腿上,右脚尖翘起;同时两手屈肘回收至腹前,手心均向前下方;目视前方(图3-53)。

⑥弓步按掌。上动不停,左腿蹬伸,身体重心慢慢前移,右腿前弓成右弓步;同时两手向前、向上按出,掌心向前;目视前方(图3-54)。

图3-51   图3-52   图3-53   图3-54

完整练习提示:揽雀尾由"掤、捋、挤、按"四个动作组成,四个动作在衔接上要做到式式相连,动作的虚实转换、姿势变化都要连贯一气,不要出现停顿的痕迹;在动作过程中,身体重心保持在相同的高度,不要上下起伏;注意区别两次重心后坐时的脚尖动作,"捋"时前脚全脚掌着地,脚尖不动,"按"时前脚脚尖翘起。

(四)第四组

1. 单鞭

①转体侧抱。右脚蹬伸,上体后坐,身体重心逐渐移至左腿上(图3-55),右脚尖里扣;同

时上体左转,两手(左高右低)向左弧形运转,直至左臂平举,伸于身体左侧,手心向左,右手经腹前运至左肋前,手心向后上方;目随左手转视(图3-56)。

要领:上体左转和重心左移同时进行,边移边转;双手左移划弧过程中,掌心向后,左手经面部前,到左侧后再向外翻掌,掌心向外,右手经腹前。

②丁步勾手。左脚蹬地,身体重心再渐渐移至右腿上,上体右转,左脚向右脚内侧收腿靠拢,脚尖虚点地;右手随上体右转经面部前方向右上方划弧,掌心向内,至右侧方时,掌心外翻变成勾手,勾尖向下,臂与肩平,左手向下经腹前向右上划弧停于右肩前,手心向里;转体过程中目随右手转视,最后目视左手(图3-57)。

图3-55　　　　　　　　　　图3-56　　　　　　　　　　图3-57

要领:收腿动作要在重心右移到右腿后再进行。

③弓步推掌。左脚向左前侧方迈出,脚跟着地,上体向左转;同时左掌随上体的左转经面部慢慢移向左侧,掌心向内(图3-58);接着右脚跟后蹬,左脚掌慢慢踏实,身体重心移向左腿成左弓步;同时左掌慢慢翻转向前推出,手心向前,手指与眼齐平,臂微屈,右手勾手不变;目视左手(图3-59)。

图3-58　　　　　　　　　　图3-59

完整练习提示:转体扣脚和丁步勾手动作连贯完成,双手走圆滑的弧线;目光跟随上面的手。

2. 云手

(1)云手一。

①转体侧抱。左脚蹬伸,身体重心移至右腿上,身体渐向右转,左脚尖里扣;左手经腹前向右上划弧至右肩前,手心斜向后,同时右手变掌,手心向前;目视右手(图3-60)。

②并步云手。上体慢慢左转,身体重心随之左移;左手掌心向内由脸前向左侧运转,手心渐渐外翻转向左方,右手由右下经腹前向左上划弧,至左肩前,手心斜向后;同时右脚靠近左脚,成小开立步(两脚距离10~20厘米);目随右手转视(图3-61)。

图 3 - 60　　　　　　　　　　　　　　　图 3 - 61

（2）云手二。

①开步云手。上体再向右转，身体重心转移到右脚上；同时左手经腹前向右上划弧至右肩前，手心斜向后，右手掌心向内，经面部向右侧运转，到右侧后手心外翻向右；随之左腿向左横跨一步；目随左手转视（图 3 - 62）。

②并步云手。与云手一②相同（图 3 - 63）。

（3）云手三

①开步云手。与云手二①相同（图 3 - 64）。

②并步云手。与云手一②相同（图 3 - 65）。

图 3 - 62　　　　　　　图 3 - 63　　　　　　　图 3 - 64　　　　　　　图 3 - 65

完整练习提示：身体转动时要以腰为轴；向左移动的整个过程重心要保持同一高度；两臂随腰运转，要自然圆活，速度均匀缓慢，三个云手的手部动作连贯划圈，不要停顿；右手沿顺时针方向划圈，左手沿逆时针方向划圈，当手运行至面部前时为最高点，掌心向面部，前臂竖立，手指向上，与眼同高，当手运行至腹前时为最低点，双手肘关节保持自然弯曲，不可僵直。

3. 单鞭

①丁步勾手。身体重心落在右腿上，左脚跟慢慢提离地面，脚尖点地，同时上体向右转；右手随上体右转经面部前方向右上方划弧，掌心向内，至右侧方时，掌心外翻变成勾手，勾尖向下，臂与肩平，左手向下经腹前向右上划弧停于右肩前，手心向里；转体过程中目随右手转视，最后目视左手（图 3 - 66）。

②弓步推掌。左脚向左前侧方迈出，脚跟着地，上体向左转；同时左掌随上体的左转经面部慢慢移向左侧，掌心向内（图 3 - 67）；接着右脚跟后蹬，左脚掌慢慢踏实，身体重心移向左腿成左弓步；同时左掌慢慢翻转向前推出，手心向前，手指与眼齐平，臂微屈，右手勾手不变；目视左手（图 3 - 68）。

完整练习提示：云手后，不要停顿，顺势划弧完成单鞭，使整个动作一气呵成，但动作要匀速缓慢；其余见本组动作的第一个单鞭。

图 3-66　　　　　　　　图 3-67　　　　　　　　图 3-68

(五)第五组

1. 高探马

①跟步翻掌。右脚跟进半步，身体重心逐渐后移至右腿上，同时身体微向右转，左脚跟渐渐离地；右勾手变成掌，两手心翻转向上，两肘弯曲；目视左前方(图 3-69)。

要领：在跟步前，身体重心先微微向左脚移动，但不要升高，把重心控制在左脚，使跟步时重心平稳。

②虚步推掌。上体微向左转，面向前方；右掌经右耳旁向前推出，手心向前，手指与眼同高，左手收至左侧腰前，手心向上；同时左脚微向前移，脚尖点地，成左虚步；目视右手(图 3-70)。

要领：上体自然正直，沉肩垂肘。

图 3-69　　　　　　　　图 3-70

2. 右蹬脚

①左手穿掌。下肢不动；左手手心向上，手指向前前伸至右手腕背面，两手相互交叉；目视左手(图 3-71)。

②迈步分掌。上动不停，左脚提起向左前侧方进步(脚尖略外撇)，身体重心前移，右腿自然蹬直，成左弓步；同时左手翻掌向外，双手向两侧分开并向下划弧，手心斜向下；目视前方(图 3-72、图 3-73)。

要领：迈步的脚离地不要太高，步幅要小，落脚时以脚跟先着地，然后慢慢踏实；两手外分时在身体斜前方走曲线，肘关节保持适当的弯曲度。

图 3-71　　　　　　　　图 3-72　　　　　　　　图 3-73

③跟步合抱。上动不停,重心继续前移至左腿,接着右脚向左脚内侧收腿靠拢,脚尖点地;两手由外圈向里圈划弧,两手交叉合抱于胸前,右手在外,手心均向后;目视右前方(图3-74)。

要领:双手向下划弧时身体不要前俯,收腿动作要慢。

④提膝分掌。上动不停,重心慢慢升起,右腿屈膝提起,踝关节自然放松;同时两臂左右划弧微微分开,肘部弯曲,两手掌立掌外翻,手心均向前;目视右手(图3-75)。

⑤蹬腿撑掌。上动不停,右脚向右前方慢慢蹬出,脚尖向上;同时两掌左右推出;目视右手(图3-76)。

图3-74　　　　　　　　　图3-75　　　　　　　　　图3-76

要领:重心升高后,上体要直立,不可为了右腿抬高而后仰身体;蹬腿动作完后,两腿膝关节微屈,右脚脚尖勾紧;两手推掌不要推成直线,微向斜前推出,使双手保持在一个圆弧上,右手与右脚方向一致,做到上下呼应。

完整练习提示:以高探马面对方向为正前方,右蹬脚迈步动作向前,蹬腿方向为右30°左右。

3. 双峰贯耳

①收腿合掌。右腿屈膝收回,平举,踝关节自然放松;左手翻掌掌心向上,由后向前平摆至体前,右手手心翻转向上,双手掌沿相对,距离同肩宽,双肘微微下落回收;目视前方(图3-77)。

②迈步收掌。重心下降,右脚伸膝向右前方迈出,脚跟着地;两手同时向下划弧分落于髋两侧;目视前方(图3-78)。

要领:迈步方向是右蹬脚方向的右10°~15°。

③弓步贯拳。左腿蹬伸,身体重心渐渐前移,成右弓步,面向右前方;同时两手慢慢变拳,分别从两侧向上、向前划弧至面部前方,成钳形状,两拳相对,高与耳齐,拳眼都斜向前下方(两拳中间距离10~20厘米);目视右拳(图3-79)。

图3-77　　　　　　　　　图3-78　　　　　　　　　图3-79

要领:两手向前贯拳时,伴随划弧动作,前臂逐渐内旋;完成后,双臂屈肘平抬。

4. 转身左蹬脚

①转身扣脚。右脚蹬伸,左腿屈膝后坐,身体重心移至左腿,上体左转,右脚尖里扣(图3-80);

同时两拳变掌,由上向左右划弧分开平举,手心向前;目随左手转视。

要领:移重心同时转体。

②收腿合抱。上动不停,左腿蹬伸,身体重心再移至右腿,左脚收到右脚内侧,脚尖点地;同时两手由外圈向里圈划弧合抱于胸前,左手在外,手心均向后;目视左方(图3-81、图3-82)。

图3-80 　　　　　　　　　图3-81 　　　　　　　　　图3-82

要领:收腿动作不要太早太快,当重心完全控制在右腿上时再收腿,以保持身体平稳;重心左右移动时不要有起伏。

③提膝分掌。上动不停,重心慢慢升起,左腿屈膝提起,踝关节自然放松;同时两臂左右划弧微微分开,肘部弯曲,两手掌立掌外翻,手心均向前;目视左手(图3-83)。

④蹬腿撑掌。上动不停,左脚向左前方慢慢蹬出,脚尖向上;同时两掌左右推出;目视左手(图3-84)。

图3-83 　　　　　　　　　　　　图3-84

要领:同右蹬脚。

完整练习提示:转身动作时上体转动要约大于90°,最后左蹬脚的蹬腿方向与右蹬脚的蹬腿方向相反,夹角约180°,连贯练习时不要忽略了重心移动,重心移动时要虚实分明。

(六)第六组

1. 左下势独立

①收腿勾手。左腿收回平屈,踝关节放松,上体右转;右掌变成勾手,勾尖向下,左掌向上、向右划弧下落,立于右肩前,掌心斜向后;目随左手转视(图3-85)。

②仆步穿掌。上动不停,右腿慢慢屈膝下蹲,左腿由内向左侧(偏后)伸出,成左仆步;左手沿身体右侧下落至腹前,然后向左下顺左腿内侧向前穿出(掌心向外,掌指向前,手掌拇指侧向上),右手微微下落;目随左手转视(图3-86)。

要领:仆步时左腿不要伸太远,以便把重心完全控制在右腿上;左脚脚尖内扣。

③弓步挑掌。上动不停,身体重心前移,左脚以脚跟为轴,脚尖尽量向外撇,左腿前弓,右腿后蹬,右脚以前脚掌为轴脚跟后顺,上体微向左转并向前起身;同时左臂继续向前上弧线伸出(立掌),掌心向右,右勾手下落,勾尖向后;目视左手(图3-87)。

图 3 - 85　　　　　　　　　　　　图 3 - 86　　　　　　　　　　　　图 3 - 87

④提膝挑掌。上动不停,身体重心继续前移至左腿,右腿慢慢提起平屈,成左独立式,踝关节放松;同时右勾手变掌,由后下方顺右腿外侧向前弧形摆出,屈臂立于右腿上方,肘与膝相对,手心向左,左手下落于左胯旁,手心向下,指尖向前;目视右手(图 3 - 88、图 3 - 89)。

图 3 - 88　　　　　　　图 3 - 89

要领:重心升高和提膝动作要在重心完全移至左腿后再做,以便控制身体平衡;提膝和挑掌动作要配合重心上升同速完成。

完整练习提示:整个动作中间没有定势,各步骤要连贯完成;左手回收、前穿的路线在同一圆滑的弧线上。

2. 右下势独立

①落脚转体。右脚下落于左脚前,前脚掌着地,然后以左脚前掌为轴脚跟转动,身体随之左转;同时左手向后平举变成勾手,勾尖向下,右掌随着转体向左侧划弧,立于左肩前,掌心斜向后;目视左手(图 3 - 90)。

②仆步穿掌。上动不停,左腿慢慢屈膝下蹲,右腿由内向右侧伸出,成右仆步;右手沿身体左侧下落至腹前,然后向右下顺右腿内侧向前穿出(掌心向外,掌指向前,手掌拇指侧向上),左手微微下落;目随右手转视(图 3 - 91、图 3 - 92)。

图 3 - 90　　　　　　　　　　　　图 3 - 91　　　　　　　　　　　　图 3 - 92

③弓步挑掌。上动不停,身体重心前移,右脚以脚跟为轴,脚尖尽量向外撇,右腿前弓,左腿后蹬,左脚以前脚掌为轴脚跟后顺,上体微向右转并向前起身;同时右臂继续向前上弧线伸

出(立掌),掌心向左,左勾手下落,勾尖向后;目视右手(图3-93)。

④提膝挑掌。上动不停,身体重心继续前移至右腿,左腿慢慢提起平屈,成右独立式,踝关节放松;同时左勾手变掌,由后下方顺左腿外侧向前弧形摆出,屈臂立于左腿上方,肘与膝相对,手心向右,右手下落于右胯旁,手心向下,指尖向前;目视左手(图3-94)。

图3-93　　　　　　　　　　　图3-94

要领:同左下势独立。

(七)第七组

1. 左右穿梭

(1)左穿梭。

①丁步抱球。左脚向左前落地,脚尖外撇,右脚跟离地,两膝屈膝成半坐盘式,身体微向左转;同时右手向左翻掌向腹前搂抱,掌心向上,左手自然下落于胸前,平抬肘,掌心向下,两手在左胸前成抱球状(图3-95);然后重心移至左脚,右脚收到左脚的内侧,脚尖点地;目视左前臂(图3-96)。

图3-95　　　　　　　　　　　图3-96

②弓步架推。右脚向右前方迈出,脚跟着地,然后左腿蹬伸,脚跟后顺,右腿屈膝弓腿,成右弓步,身体右转;同时右手由脸前向上举并翻掌,屈肘停在右额前上方约30厘米处,手心斜向上,左手在迈步时先向左下落至左肋,再随重心前移成立掌向前推出,高与鼻尖平,手心向前;目视左手(图3-97、图3-98)。

图3-97　　　　　　　　　　　图3-98

　　要领:右手上架和左手前推的动作速度要与重心前移协调一致,做到手脚同时到达;左手不要推得过直,肘关节微屈,肘尖向下垂;推掌完成时,上体不要前倾和侧倾,两肩保持相同高度。

　　(2)右穿梭。

　　①丁步抱球。身体重心略向后移,右脚尖稍向外撇,随即身体重心再移至右腿,左脚跟进,停于右脚内侧,脚尖点地;同时左手弧线下落向腹前搂抱,掌心向上,右手自然下落于胸前,平抬肘,掌心向下,两手在右胸前成抱球状(右上左下);目视右前臂(图3-99)。

　　②弓步架推。左脚向左前方迈出,脚跟着地,然后右腿蹬伸,脚跟后顺,左腿屈膝弓腿,成左弓步,身体左转;同时左手由脸前向上举并翻掌,屈肘停在左额前上方约30厘米处,手心斜向上,右手在迈步时先向右下落至右肋,再随重心前移成立掌向前推出,高与鼻尖平,手心向前;目视右手(图3-100、图3-101)。

　　图3-99　　　　　　　　　　图3-100　　　　　　　　　　图3-101

　　完整练习提示:左、右两次迈步的方向与正前方成30°左右夹角,之字形前进;连贯练习时不要漏做左、右穿梭的衔接过程(重心后坐,脚尖外摆)。

　　2. 海底针

　　①跟步提掌。右脚顺势向前跟进半步,身体重心后移至右腿,左脚微微提离地面,身体稍向右转;重心后移时,右手下落经体侧向后、向上提抽至肩上耳旁,左手自然下落至胸腹前;目随右手转视(图3-102)。

　　②虚步插掌。重心微微下坐,上体转正,左脚稍向前落,脚尖点地,成左虚步;随身体左转,右手由右耳旁斜向前下方插出,掌心向左,指尖斜向下,左手向下划弧落于左胯旁,手心向下,指尖向前;目随右手转视(图3-103)。

　　图3-102　　　　　　　　　　　图3-103

　　要领:插掌时上体不要太前倾,避免低头和凸臀。

　　3. 闪通臂

　　①迈步提掌。上体稍向右转,左脚微微提起;同时双手上提至胸前;目视前方(图3-104)。

②弓步架推。左脚向前迈出,屈膝弓腿成左弓步;同时右手由体前上提,屈臂上举,停于右额前上方,掌心翻转斜向上,拇指朝下,左手由胸前向前推出,高与鼻尖平,手心向前;目视左手(图3-105)。

图3-104　　　　　　　　　　图3-105

完整练习提示:注意不要同左右穿梭的动作混淆,此处的推掌和弓腿动作是同侧,而左右穿梭的推掌和弓腿动作是异侧。

(八)第八组

1. 转身搬拦捶

①转身抱拳。左脚蹬伸,脚尖里扣,身体向右后转,上体后坐,身体重心移至右腿上;同时右手从头上向右弧线下落,右手微上举(图3-106)。然后身体重心再移至左腿上;与此同时,右手随着转体向下(变拳)经腹前划弧至左肋旁,拳心向下,左掌上举于头前,掌心斜向上;目视前方(图3-107)。

图3-106　　　　　　　图3-107　　　　　　　图3-108

要领:握拳不要太紧,拳心微空。

②圈步搬拳。上动不停,右脚收回后(不要停顿或脚尖点地)即向前迈出,脚尖外撇,重心控制在左脚上,身体继续右转;右拳经胸前向前翻转撇出,拳心向上,左手落于左胯旁,掌心向下,指尖向前;目视右拳(图3-108)。

③上步横拦。身体重心前移至右腿上,左脚向前迈一步,身体右转;左手上起经左侧向前上划弧横向拦出,掌心向前下方;同时右拳向右划弧收到右腰旁,拳心向上;目视左手(图3-109)。

④弓步冲拳。右腿蹬伸,重心前移,左腿前弓成左弓步;同时右拳向前立拳冲出,拳眼向上,高与胸平,左手微微回收附于右前臂内侧,指尖向上;目视右拳(图3-110)。

完整练习提示:转身和搬拳时,双手动作路线可理解为同时在身体左侧顺时针划立圆;上步横拦时,双手动作路线可理解为同时在齐腰高的水平面上顺时针划圆弧。

图 3－109　　　　　　　　　　　　　图 3－110

2. 如封似闭

①前穿分掌。左手由右腕下向前伸出,右拳变掌,两手手心逐渐翻转向上并慢慢分开,距离同肩宽;目视双手(图 3－111、图 3－112)。

图 3－111　　　　　　　　　　　　　图 3－112

②后坐收掌。左脚蹬伸,左脚尖翘起,身体后坐,身体重心移至右腿;同时两手掌心向后回收,在胸前向外平转翻掌(前臂内旋)后降至腹前,掌心向前;目视前方(图 3－113)。

要领:重心后移时,上体保持正直,不要后仰;收掌至腹前的动作不可直线收回。

③弓步推掌。右腿蹬伸,重心前移,左脚掌慢慢踏实,左腿前弓成左弓步;同时两手经腹前向上、向前推出,腕部与肩平,手心向前;目视前方(图 3－114)。

图 3－113　　　　　　　　　　　　　图 3－114

要领:推掌不要完全伸直,保持肘关节微微弯曲,肘尖自然下垂,做到沉肩垂肘。

完整练习提示:注意同"揽雀尾"的"按"相区别,"按"的收掌时掌心是向前的,而"如封似闭"的后坐收掌是掌心向后。

3. 十字手

①转体分掌。左脚蹬伸,右脚屈膝后坐,重心移向右腿,身体右转,成右侧弓步,右脚尖随着转体稍向外撇,左脚尖里扣;同时右手随着转体动作向右平摆划弧,与左手成两臂侧平举,掌心向前,肘部微屈;目随右手转视(图 3－115、图 3－116)。

图 3 - 115　　　　　　　　　　　图 3 - 116

要领:右手平摆动作要用身体右转带动,做到以腰带手;重心平移,不要有起伏;脚尖扣转后均向前。

②收腿合抱。右脚蹬伸,身体重心慢慢移至左腿,随即向左收回,两脚距离与肩同宽,两腿逐渐蹬直,成开立步;同时两手向下经腹前向上划弧交叉合抱于胸前,两臂撑圆,腕高与肩平,右手在外,成十字手,手心均向后;目视看前方(图 3 - 117、图 3 - 118)。

图 3 - 117　　　　　　　　　　　图 3 - 118

要领:双手向下划弧时重心不必下降,上体保持正直,不要前俯或低头;双手合抱时须圆满舒适,沉肩垂肘;重心升起要在收腿完成后进行,避免边收腿边站起。

4. 收势

两手向外翻掌,手心向下,两臂慢慢下落,停于身体两侧;接着收左脚成并步站立;目视前方(图 3 - 119、图 3 - 120)。

图 3 - 119　　　　　　　　　　　图 3 - 120

要领:双手翻掌动作是水平翻转,手指始终向前;双掌下落时,手臂动作按沉肩、降肘、落手的顺序进行,不要做成按掌。

三、动作路线示意图

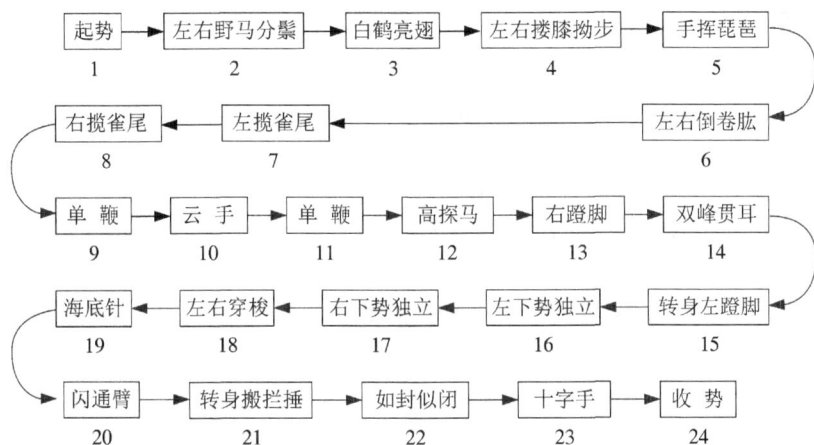

图 3－121

第三节　四十二式太极拳竞赛套路

四十二式太极拳竞赛套路是1988年国家体委组织创编的太极拳竞赛套路。在创编过程中,四十二式太极拳竞赛套路以杨式太极拳为基调,吸收了陈式、吴式、孙式太极拳的动作,套路内容充实、风格突出、动作规范、结构严谨、布局合理、舒展大方,有一定的难度、强度和运动量。练习该套路能够全面均衡地锻炼身体,是大众强身健体、修身养性的热门套路。同时由于其动作数量、组别、时间等均符合竞赛规则的要求,适于在同等条件下进行的国际性的比赛活动。经国内外广大太极拳爱好者不懈的努力,四十二式太极拳已经推广普及至世界各地,已在国内和国际重大的比赛中被作为统一规定套路。

一、动作名称

(一)第一组

①起势;②右揽雀尾;③左单鞭;④提手;⑤白鹤亮翅;⑥搂膝拗步;⑦撇身捶;⑧捋挤势;⑨进步搬拦捶;⑩如封似闭。

(二)第二组

①开合手;②右单鞭;③肘底捶;④转身推掌;⑤玉女穿梭;⑥左右蹬脚;⑦掩手肱捶;⑧野马分鬃。

(三)第三组

①云手;②独立打虎;③右分脚;④双峰贯耳;⑤左分脚;⑥转身拍脚;⑦进步栽捶;⑧斜飞势;⑨单鞭下势;⑩金鸡独立;⑪退步穿掌。

(四)第四组

①虚步压掌;②独立托掌;③马步靠;④转身大捋;⑤歇步擒打;⑥穿掌下势;⑦上步七星;⑧退步跨虎;⑨转身摆莲;⑩弯弓射虎;⑪左揽雀尾;⑫十字手;⑬收势。

二、动作说明

(一)第一组

1. 起势

①并步站立。身体自然直立,两脚并拢,头颈端正,下颏内收,胸腹舒松,肩臂松垂,两手轻贴大腿侧,精神集中,呼吸自然,眼向前平视(图 3 - 122)。

②左脚开立。左脚向左轻轻开步,两脚相距与肩同宽,脚尖向前,上体保持原状(图 3 - 123)。

③两臂前举。两手慢慢向前平举,与肩同高,手心向下,两臂相距同肩宽,肘微下垂(图 3 - 124)。

④屈膝按掌。上体保持正直,两腿缓缓屈膝半蹲,两掌轻轻下按,落于腹前,掌与膝相对(图 3 - 125)。

要领:①预备式时,要求全身放松,头颈正直;排除杂念,精神集中,呼吸自然。②左开步时,脚跟先离地,做到点起;落地时,脚前掌先着地,为点落,而后再全脚着地。③屈膝双按掌时,上身保持正直,不可前俯后仰;手的升降动作与两腿的屈伸、呼吸配合一致。

图 3 - 122　　　　　图 3 - 123　　　　　图 3 - 124　　　　　图 3 - 125

2. 右揽雀尾

①收脚抱球。右脚尖外撇,同时上体微右转;右臂上抬屈于胸前,手心向下;左手翻转向右划弧至右腹前,手心向上,与右手相对成抱球状,重心移至右腿,左脚收于右脚内侧;眼看右手(图 3 - 126)。

②转体上步。上体微左转,左脚向左前方上一步,脚跟轻轻落地(图 3 - 127)。

③左弓步掤。上体继续左转,重心前移,左腿屈膝前弓,右腿自然伸直成左弓步;同时,左臂向前向上掤出,高与肩平,手心向内,指尖向右;右手向下落于右胯旁,手心向下,指尖向前,两臂微屈;眼看左前臂(图 3 - 128)。

④收脚抱球。上体微左转,右脚收至左脚内侧;同时,左臂内旋屈于左胸前,左手翻转,手心向下,与胸同高,指尖向右;右臂外旋,右掌向左划弧至左腹前,掌心向上,指尖向左,两掌相对成抱球状;眼看左掌(图 3 - 129)。

⑤转体上步。上体微右转,右脚向前方轻轻迈出一步,脚跟着地,眼看右前方(图 3 - 130)。

⑥右弓步掤。上体继续右转,重心前移,右腿屈膝前弓,左腿自然伸直成右弓步;同时,右臂向前向上掤出,臂微屈,掌心向内,高与肩平;左掌向下落于左胯旁,掌心向下,指尖向前;眼

看右前臂(图 3 - 131)。

图 3 - 126　　　　　　　　　　图 3 - 127　　　　　　　　　　图 3 - 128

图 3 - 129　　　　　　　　　　图 3 - 130　　　　　　　　　　图 3 - 131

⑦转体伸掌。上体微右转,右掌前伸,掌心翻转向下;同时,左掌翻转向上,伸至右腕下方,眼看右手(图 3 - 132)。

⑧左转下将。重心后移,上体微左转,双掌向下后将至腹前;眼随右掌(图 3 - 133)。

⑨右转横臂。右臂外旋屈肘横于胸前,右掌心向内,指尖向左偏上;同时,左臂内旋,左掌心转向外,掌指附于右腕内侧(图 3 - 134)。

图 3 - 132　　　　　　　　　　图 3 - 133　　　　　　　　　　图 3 - 134

⑩弓步前挤。重心前移,右腿屈膝前弓,左腿自然伸直,成右弓步;两掌同时向前挤出,两

臂撑圆,肘尖略低;眼看前方(图3-135)。

⑪后坐屈肘。划弧重心后移,上体微右转,右脚尖上翘;右臂外旋,右掌心翻转向上,自前向右、向后屈肘划平弧至右肩前,左掌仍附于右腕内侧随之划平弧;眼看右手(图3-136)。

图3-135

图3-136

⑫扣脚旋掌。上体左转,右脚尖内扣落地;右掌平旋内收,使掌心斜向上;眼看右手(图3-137)。

⑬丁步按掌。上体微右转,重心右移至右腿,左脚收至右脚内侧,脚尖点地成丁步;同时,右臂内旋,右掌翻转向右前方立掌按出,腕高与肩平,掌心向外;左掌随之翻转向内,指尖仍附于右腕侧;眼看右手(图3-138)。

图3-137

图3-138

要领:①掤、捋、挤、按四式动作要以腰带臂,上下肢协调一致。②本式按式是单按掌,在按右掌时,左手指尖附于右腕处助力推按,右掌根与背形成一种对撑劲。③上体要正直舒松,不可左右歪斜,前俯后仰。④迈步、收脚落地要轻灵,均要点起点落。

3. 左单鞭

①左转上步。上体微左转,左脚向左前方上一步,脚跟着地。同时,右手由掌变勾手,勾尖朝下;左手随上体左转划弧至面前,掌心向里;眼看左手(图3-139)。

②左弓步推掌。上体左转不停,重心前移,左腿屈膝前弓,右腿自然伸直,成左弓步;同时,左掌转向前推出,掌心向前,腕高与肩平;眼看左手(图3-140)。

图 3 - 139　　　　　　　　　　　　　　　　　　图 3 - 140

要领:①勾手迈步时要松胯、沉气,勾手向侧后运动。②转体前弓时,左臂要掤住,左手要内旋、左拉。③弓步推掌时,要沉肩、坠肘、塌腕、落胯、气沉,两手对拉。

4. 提手

①扣脚右摆掌。重心后坐,上体右转,腰带左脚内扣。左掌向右平摆划弧;眼看左手(图 3 - 141)。

②转体左带。重心移于左腿,右勾手变掌,两掌同时向左平带(图 3 - 142)。

③虚步合手举掌。上体微右转,右脚提起,脚跟落地,脚尖上翘,成右虚步;同时,右掌成侧立掌举于体前,指尖高与眉齐;左臂屈收,左手也成侧立掌合于右肘内侧;眼看右掌(图 3 - 143)。

图 3 - 141　　　　　　　　　　图 3 - 142　　　　　　　　　　图 3 - 143

要领:①重心先后移,再转体摆臂,右勾手不变。②重心左移提右脚与转体向左平带臂要协调一致。③右脚跟落地与两臂在体前相合要同时完成,两手臂要有一种相合前送的合劲。④虚步方向偏右 30°,即起势方向偏右。

5. 白鹤亮翅

①左转抱球。上体左转,右脚稍后撤,脚尖内扣;同时,两手向左下划弧,再翻转抱于左胸前,左手在上,手心向下;右手在下,手心向上,两臂微屈成弧形;眼看左手(图 2 - 144)。

②右转举掌。重心右移,上体右转,两手边合边举至右肩前;眼看右手(图 3 - 145)。

③左虚步亮掌。上体微左转,左脚稍向内收,脚尖点地成左虚步;同时,两手右上、左下划弧分开,右掌提至右额前,掌心向左,指尖向上;左掌下按于左胯旁,掌心向下,指尖向前,两臂

保持弧形;眼看前方(图 3 - 146)。

图 3 - 144   图 3 - 145   图 3 - 146

要领:①上体左转、扣脚、两掌抱球这几个动作要周身协调配合,运转和顺。②上体右转,向右上带臂,再向左转体,左掌下按,右掌上提;下肢成虚步时,要腰松,气沉,顶头,敛臀;上体始终保持正直,勿左右摇摆,塌腰凸臀。③全部动作中,腰部旋转要自然连贯,以腰带动四肢;两臂始终走弧线、成弧形,保持周身劲整。

6. 搂膝拗步

①转体落掌。上体微左转,右手随之向左划弧,自头前下落;眼看右手(图 3 - 147)。

②收脚举掌。上体右转,随之右手向下、向右、向上划弧至右前方,高与头平,手心斜向上;左手向上、向右、向下划弧至右肋旁,手心向下;同时左脚收至右脚内侧;眼看右手(图 3 - 148)。

③上步收掌。上体左转,左脚向前上步,脚跟轻轻着地;同时,右臂屈肘,右手收至耳旁,手心斜向前;左手向下划弧至腹前;眼看前方(图 3 - 149)。

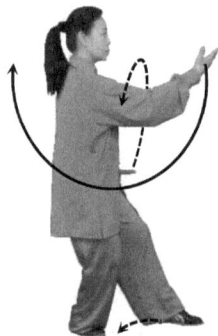  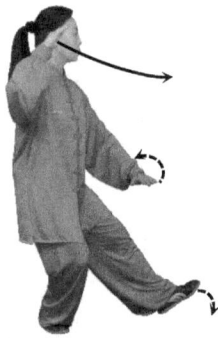

图 3 - 147   图 3 - 148   图 3 - 149

④左弓步搂推。重心前移,左腿屈膝前弓,右腿自然伸直,成左弓步;同时,右手成立掌向前推出,指尖高与鼻平;左手由左膝前搂过,按于左胯旁,掌心向下,指尖向前;眼看右手(图 3 - 150)。

⑤左转摆脚。重心稍后移,左脚尖外撇,上体左转;右手随之向左划弧,左手略前送外旋将手翻转;眼随右手(图 3 - 151)。

⑥收脚举掌。上体左转不停,重心落于左腿,左手向左向上划弧,举至身体左前方,高与头平,手心斜向上;右手摆至左肋旁,手心向下;同时,右脚收至左脚内侧;眼看左手(图 3-152)。

图 3-150　　　　　　　　　图 3-151　　　　　　　　　图 3-152

⑦上步收掌。上体右转,右脚向前迈步,脚跟轻轻着地;同时,左臂屈肘,左手收至耳旁,手心斜向前;右手向右向下划弧至腹前;眼看前方(图 3-153)。

⑧右弓步搂推。重心前移,右腿屈膝前弓,左腿自然伸直,成右弓步;同时,左手成立掌向前推出,指尖高与鼻平;右手由右膝前搂过,按于右胯旁,掌心向下,指尖向前;眼看左手(图 3-154)。

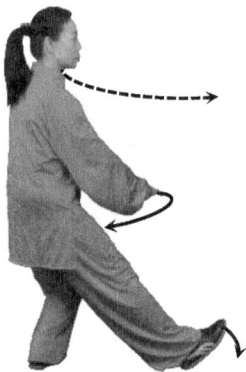

图 3-153　　　　　　　　　　　　　　图 3-154

要领:①两臂运转要以腰为轴,全身协调一致。②收脚、举臂时,上体要舒松正直,松胯敛臀,不可左右歪斜。③弓步时,前脚尖向正前,两脚横向距离约 20 厘米。④推掌时,肩略向前顺,松腰、沉肩,上体正直。弓步、搂掌、推掌要协调一致,同时完成。

7. 撇身捶

①摆脚分掌。重心稍后移,右脚尖外撇,上体右转;同时,左手向左前伸展,手心向下,右前臂外旋,右手向右后方划弧分开;眼看左手(图 3-155)。

②收脚落掌。左脚收于右脚内侧;同时,左手握拳,臂内旋下落于小腹前,拳心向内,拳眼向右,右手向上,向体前划弧,附于左前臂内侧,手心向下;眼看左前方(图 3-156)。

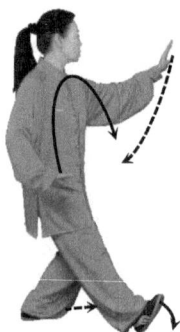

图 3 - 155　　　　　　　　　　　　　　图 3 - 156

③转体上步。上体微左转,左脚向左前方上步,脚跟着地;同时,左拳上举至面前,右掌下落于左前臂内侧,手心向下;眼随左拳(图 3 - 157)。

④左弓步撇捶(拳)。重心前移,左腿屈膝前弓,右腿自然伸直,成左弓步;同时,左拳翻转向左前方撇打,拳心斜向上,高与头平;右手仍附于左前臂内侧;眼看左拳(图 3 - 158)。

图 3 - 157　　　　　　　　　　　　　　图 3 - 158

要领:①撇捶时要转身带臂,以左肘关节为轴外旋,力达拳面。②撇捶方向与弓步方向一致,斜向左前方 30°。

8. 将挤势

①扣脚变掌。重心稍后移,左脚尖内扣,上体右转;左拳变掌,右掌向右划一平弧,随即收于左前臂内侧(图 3 - 159)。

②转体弓步抹掌。重心前移,上体继续右转;右掌由左向右前方划弧平抹,掌心斜向下,左掌落于右肘内侧下方,掌心斜向上;眼看右手(图 3 - 160)。

③收脚后将。上体微左转,两掌自前同时向下、向后将,左掌将至左胯旁,右掌将至腹前;右脚收至左脚内侧;眼看右前方(图 3 - 161)。

④上步掤臂。上体右转,右脚向右前方上步,脚跟着地;同时,左前臂内旋,右前臂外旋,两手翻转屈臂上举,收于胸前,手心相对;眼看前方(图 3 - 162)。

图 3 - 159　　　　　　图 3 - 160　　　　　　图 3 - 161　　　　　　图 3 - 162

⑤右弓步挤。重心前移，右腿屈膝，左腿自然伸直，成右弓步；两臂同时向前挤出，两臂撑圆；左掌指贴于右腕内侧，掌心向外，指尖斜向上；右掌心向内，指尖向左，高与肩平；眼看右手（图 3 - 163）。

⑥扣脚翻掌。重心后移，右脚尖内扣，上体左转；右掌翻转向上，左掌划一小弧从右前臂上方穿出（图 3 - 164）。

⑦转体弓步抹。重心前移，上体继续左转；左掌自右向左前方划弧平抹，掌心斜向下；右掌收于左肘内侧下方，掌心斜向上；眼看左手（图 3 - 165）。

⑧收脚后捋。上体稍右转，两掌自前同时向下向后捋，右掌捋至右胯旁，左掌捋至腹前；左脚收至右脚内侧；眼看左前方（图 3 - 166）。

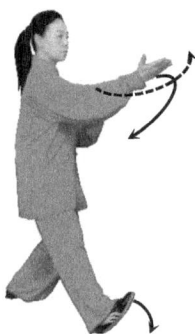

图 3 - 163　　　　　　图 3 - 164　　　　　　图 3 - 165　　　　　　图 3 - 166

⑨上步掤臂。上体左转，左脚向左前方上一步，脚跟着地；同时，右前臂内旋，左前臂外旋，两手翻转屈臂上举收于胸前，手心相对；眼看前方（图 3 - 167）。

⑩左弓步挤。重心前移，左腿屈膝前弓，右腿自然伸直，成左弓步；两臂同时向前挤出，两臂撑圆，右掌指贴于左腕内侧，掌心向外，指尖斜向上；左掌心向内，指尖向右，高与肩平；眼看左掌（图 3 - 168）。

要领：①完成此势要以腰带臂，转体进身，保持上体中正，头上领，不要摇头。②后坐跷脚与后手划弧，弓步与穿掌，下捋与收脚，出脚与掤臂，弓步与前挤要做到上下肢协调配合。

图 3 - 167　　　　　　　　　　　　图 3 - 168

9. 进步搬拦捶

①后坐分掌。重心后移,左脚尖外撇,上体左转;左掌向下划弧,掌心向上;右掌向右前方伸展,掌心斜向下,头随上体转动(图 3 - 169)。

②收脚变拳。重心前移,右脚收于左脚内侧;同时,左掌向左划弧,再向上卷收于体前,掌心向下;右掌握拳向下划弧收于腹前,拳心向下;眼向前平视(图 3 - 170)。

③摆步搬拳。右脚向前上步,脚跟着地,脚尖外撇;右拳随之经左臂内侧向前翻转搬出,拳心向上,高与胸平,左掌顺势按至左胯旁;眼看右拳(图 3 - 171)。

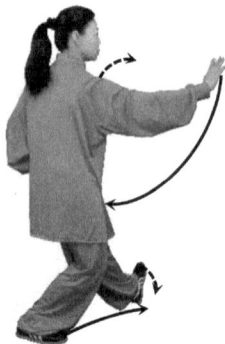

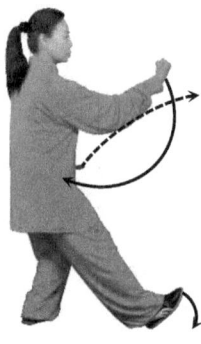

图 3 - 169　　　　　　　　图 3 - 170　　　　　　　　图 3 - 171

④转身摆掌。重心前移,左脚跟抬起,上体右转;同时,右前臂内旋,右拳向右划弧至体侧;左前臂外旋,左掌向左向前划弧至体前,掌心斜向下;眼看左掌(图 3 - 172)。

⑤上步拦掌。左脚经右脚内侧向前上一步,脚跟着地;同时,右前臂外旋,右拳收于右腰间,拳心向上;左掌翻转向下,拦于体前(图 3 - 173)。

⑤左弓步打拳。重心前移,左腿屈膝前弓,右腿自然伸直,成左弓步;同时,右拳向前打出,拳眼向上,高与胸齐,左掌收于右前臂内侧;眼看右拳(图 3 - 174)。

要领:①重心后坐,腰带分掌要协调一致,重心前移,收脚收手要沉胯呼气。②上步搬拳、弓步打拳要连贯一气,不可断劲。③重心前移,连续上步,上体保持正直,不可左右歪斜,也不可向前倾斜,保持上体水平前移,不可起伏。

图 3 - 172　　　　　　　　　　　　图 3 - 173　　　　　　　　　　　　图 3 - 174

10. 如封似闭

①弓步穿手。右拳微前送变掌,掌心向上;左掌经右臂下穿出,掌心向上;眼看两手(图3 - 175)。

②后坐收翻掌。重心后移,上体后坐微右转,左脚尖上翘;同时,两掌分开并屈臂内旋,收至胸前,与肩同宽,掌心斜相对(图3 - 176)。随之上体转正,两掌翻转向下,落至腹前,眼看前方(图3 - 177)。

③跟步按掌。重心前移,左脚踏实,并屈膝前弓;右脚随上体前移收至左脚侧后方10 厘米处,脚尖点地,成右丁步;同时,两掌向前上按出,与肩同宽,掌心向前,腕高与肩平;眼看两手(图3 - 178)。

要领:①重心后移,两掌左右分开时要松胯、敛臀,斜身调臂,以腰带动。②重心前移,两掌推按收右脚时,要沉胯呼气,上体不可上窜。

图 3 - 175　　　　　　图 3 - 176　　　　　　图 3 - 177　　　　　　图 3 - 178

(二)第二组

1. 开合手

①右转开掌。以右脚掌和左脚跟为轴,依次向右辗转,两脚踏实;同时,两掌翻转掌心相对,屈收至胸前,指尖向上,两掌左右拉分,与肩同宽,眼看前方(图3 - 179)。

②提脚合掌。重心移向左腿,右脚跟提起;同时,两掌相合,与头同宽,掌心相对,目视两掌

中间(图 3 - 180)。

图 3 - 179　　　　　　　　　　　　　　　图 3 - 180

要领:①开手时要吸气,注意开胸、松肩。②合手时要呼气,注意松胯、敛臀、气沉丹田。

2. 右单鞭

①开步转掌。上体稍右转,右脚向右横开一步,脚跟着地;同时,两臂内旋,两掌虎口相对,掌心向外;眼看左掌(图 3 - 181)。

②右弓步分掌。重心右移成右侧弓步(横裆步),同时,两掌向左右分开,平举于身体两侧,掌心转向外,指尖向上;眼看左手(图 3 - 182)。

图 3 - 181　　　　　　　　　　　　　　　图 3 - 182

要领:①成侧弓步与分掌要同时完成。②定式时,上体正直舒松,沉肩坠肘、塌腕,配合呼气,气向下沉;头向左转,眼看左掌。

3. 肘底捶

①扣脚掩掌。重心左移,上体稍左转,右脚尖内扣。右前臂外旋,使掌心向上,右掌同时向内掩裹划弧至右肩前,左掌向左向下划弧;眼看右掌(图 3 - 183)。

②收脚抱球。重心右移,上体右转,左脚收至右脚内侧;同时,右掌翻转,手心向下,屈收至右胸前;左前臂外旋,使掌心转向上,经腹前向右划弧,与右掌上下相对,两臂成抱球状(图 3 - 184)。

③摆步分掌。上体左转,左脚向左前方绕摆上步,脚跟着地,脚尖外撇;同时,左掌经右臂下向上向左划弧,掌心向内,高与头平;右掌经左胸前划弧下落至右胯旁,手心向下;眼看左手(图 3 - 185)。

图 3 - 183　　　　　　　　　图 3 - 184　　　　　　　　　图 3 - 185

④跟步摆掌。上体左转不停,重心移至左脚,右脚跟进半步,脚前掌在左脚后着地;同时,左臂内旋,掌心转向外,向左向下划弧至身体左侧;右臂外旋,右掌向右向前划弧至体前,高与头齐,掌心斜向上;眼看前方(图 3 - 186)。

⑤虚步劈掌握拳。重心后移至右脚,左脚向前进步,脚跟着地,脚尖上翘,成左虚步;同时,左掌收至左腰际成侧立掌,再经右腕上向前劈出,指尖高与眉齐;右掌握拳,拳眼向上,收到左肘内侧下方;眼看左手(图 3 - 187)。

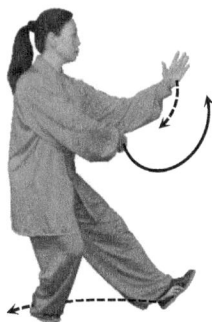

图 3 - 186　　　　　　　　　　　　图 3 - 187

要领:①两掌划弧摆动要以腰带臂,松肩,沉胯。②虚步劈掌、肘底藏捶几个动作要协调一致,同时完成,呼气落胯。③在动作运转过程中,上体保持正直,头要领,气下沉。

4. 转身推掌

①撤步右举掌。左脚撤至右脚后 10 厘米处,前脚掌先着地,再全脚踏实,上体慢慢左转;右脚以脚跟为轴,脚尖里扣,再将重心移于右腿,腿微屈;同时,右拳变掌上举,腕高与肩平,手心向上;左掌翻转,手心向下收于右胸前;眼看右手(图 3 - 188)。

②转体上步屈肘。上体左转不停,左脚向左前迈进一步,脚跟着地;同时,右臂屈肘,右掌收至右耳旁,掌心斜向前下方,左掌向下向左划弧;眼看前方(图 3 - 189)。

③跟步搂推。重心前移,左腿屈膝前弓,左脚向前踏实;右脚随重心前移跟步至左脚内侧后方,前脚掌着地,成右丁步;同时,右掌顺势向前推出,掌心向前,指尖与鼻尖相对;左掌经左膝上搂过按于左胯旁;眼看右掌(图 3 - 190)。

图 3 - 188　　　　　　　　　　图 3 - 189　　　　　　　　　　图 3 - 190

④转身左举掌。重心后移于右脚,上体右转,以左脚跟为轴,左脚尖里扣再踩实,并稍屈膝下沉;同时,左臂外旋向左前方上举,掌心向上,高与头平;右掌随右臂屈肘下落至左胸前,掌心向下;眼看左手(图 3 - 191)。

⑤转体上步屈肘。重心下沉,右脚向右前方迈出一步,脚跟着地;同时,左臂屈肘,将左掌收于左耳旁,掌心斜向前下;右掌下按落于腹前;眼看前方(图 3 - 192)。

⑥跟步搂推。上体右转,重心前移,右腿屈膝前弓,右脚向正前踏实,左脚随重心前移跟步至右脚内侧后方,成左丁步;同时,左掌顺势向前推出,掌心向前,指尖与鼻尖相对;右掌经右膝上搂过,按于右胯旁;眼看左手(图 3 - 193)。

图 3 - 191　　　　　　　　　　图 3 - 192　　　　　　　　　　图 3 - 193

要领:①转身时要分清虚实转换,重心先后移,再扣脚;推掌时要随重心前移,用腰劲顺势前推。②上步时要斜出正踩,即向斜前方上步、向正前方踏实。③身法前进,推掌与搂踩要协调一致,同时动作,同时完成。

5. 玉女穿梭

①右转伸抹掌。上体右转,左脚向左撤半步;同时,左臂外旋,左掌向右划弧至右胸前,掌心转向上;右掌上提经左前臂上方向前伸探至体前,掌心斜向下,腕高与肩平;眼看右掌(图 3 - 194)。

②收脚下捋。上体左转,重心移至左腿,右脚收至左脚内侧,脚尖点地;两掌同时自前向下向后捋,左掌捋至左胯旁,右掌捋至腹前;眼随两手(图 3 - 195)。

③上步掤。上体先稍左转再右转,右脚向右前方上步,脚跟着地;同时,右前臂外旋,左前臂内旋,两掌合举于胸前,右掌心向内,指尖向左;左掌心向外,掌指附于右腕内侧;眼看右手(图 3-196)。

图 3-194　　　　　　　图 3-195　　　　　　　图 3-196

④跟步摆掌。上体右转不停,重心前移,右腿屈膝前弓,左脚随上体前移跟步至右脚内侧后方,脚前掌着地;同时,右掌自左向前划平弧,掌心转向上,左掌随右掌转动;眼看右掌(图 3-197)。

⑤上步架掌。重心后移,左脚踏实,上体左转,右脚再向右前方上一步,脚跟着地;同时,右臂屈肘内旋向右向后划平弧,而后右掌翘腕至右肩前上方,掌心斜向上;左掌随之划弧后收至左腰际;眼看前方(图 3-198)。

⑥右弓步推掌。重心前移,右腿屈膝前弓,左腿自然伸直成右弓步,上体右转;同时,右掌上架于右额前上方,掌心斜向上;左掌前按至体前,掌心向前,指尖向上,与鼻尖相对;眼看左手(图 3-199)。

图 3-197　　　　　　　图 3-198　　　　　　　图 3-199

⑦扣脚翻掌。重心后移,右脚尖抬起略内扣,上体左转;同时,右前臂外旋,右掌翻转下落于体前,手心向上,右腕高与肩平;左掌向右划弧后收至右肘内侧,手心向下;眼看右掌(图 3-200)。

⑧左转伸抹掌。重心前移,使右脚踏实,上体左转不停。左掌从右前臂上穿出,并自右向左划弧抹掌,右掌收于左肘内侧下方,两掌心上下斜相对;眼看左手(图 3-201)。

⑨收脚下捋。上体右转,左脚收至右脚内侧;同时,两掌自前同时向下向后捋,右掌捋至右胯旁,左掌捋至腹前;眼随两手(图 3-202)。

图 3-200　　　　　　　　　图 3-201　　　　　　　　　图 3-202

⑩上步掤。左脚向左前方上步,脚跟着地;同时,左前臂外旋,右前臂内旋,两掌上举合于胸前,左掌心向里,掌指向右;右掌心向外,掌指附于左腕内侧;眼看左掌(图 3-203)。

⑪跟步摆掌。重心前移,上体左转,右脚随之跟进至左脚内侧后方,脚前掌着地;同时,左掌自右向前划平弧,掌心转向上,右掌随之转动;眼看左手(图 3-204)。

图 3-203　　　　　　　　　　　图 3-204

⑫上步架掌。重心后移,上体右转,左脚再向左前方上一步;同时,左臂屈肘内旋向左向后划平弧,而后左掌翘腕至左肩前上方,掌心斜向上;右掌随之划弧下落后收于右腰际;眼看前方(图 3-205)。

⑬左弓步推掌。上体左转,重心前移,左腿屈膝前弓,右腿自然伸直,成左弓步;同时,左掌上架于左额前上方,掌心斜向上,右掌掌心向前按出至体前,指尖与鼻尖相对;眼看右掌(图 3-206)。

图 3-205　　　　　　　　　　　图 3-206

要领：①上步平摆掌、跟步内旋臂、弓步架推掌要力求平稳、连贯、圆活，协调一致。②上步要顺遂，不宜开胯过大，上体歪扭。③弓步时，两脚不要踩在一条线上，推掌、架掌要与弓步方向一致。④定势架掌臂要撑圆，不可耸肩，抬肘或弯臂弧度不可过大，架手不可过低。⑤上体要保持正直，松胯，沉气。

6. 左右蹬脚

①扣脚收翻掌。重心后移，左脚尖内扣，上体右转；左臂外旋，左掌翻转落于体前，掌心向上，腕高与肩平，右掌向右划弧后收至左肘内侧，掌心向下；眼看左手（图 3-207）。

②转体分掌。重心前移，上体左转；右掌从左前臂上方穿出，向上向右划弧展开，左掌向下向左划弧至右腰侧，头随上体转动（图 3-208）。

③收脚合抱。上体右转，右脚收于左脚内侧；右掌向下、向左、向上划弧，左掌向左、向上、向右划弧至胸前，两腕交叠，两掌交叉合抱，右掌在外，掌心均向内；眼看右前方（图 3-209）。

图 3-207　　　　　　　　图 3-208　　　　　　　　图 3-209

④右蹬脚分掌。左腿微屈站稳，右腿屈膝提起，右脚向左前方（约 30°）慢慢蹬出，脚尖上勾，脚跟高过腰部；两掌分别向右前方和左方划弧分开，掌心向外，腕与肩平，两臂伸展，肘微屈，右臂与右腿上下相对；眼看右手（图 3-210）。

⑤落步收翻掌。右腿屈收，重心下降，右脚向右前方落下，脚跟着地；右前臂外旋，使掌心向上，稍向内收；左掌下落，经腰间向前、向上划弧伸至右肘内侧，掌心向下；眼看右掌（图 3-211）。

⑥转体分掌。重心前移，右脚踏实，上体右转；左掌从右前臂上方穿出向上、向左划弧展开，右掌向下、向右划弧至腰侧，头随上体转动（图 3-212）。

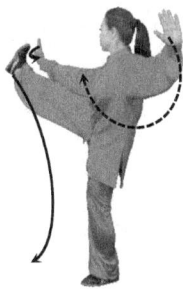  

图 3-210　　　　　　　　图 3-211　　　　　　　　图 3-212

⑦收脚合抱。上体左转,左脚收于右脚内侧,左掌向下、向右、向上划弧,右掌向右、向上、向左划弧至胸前,两腕交叠,两掌交叉合抱,左掌在外,掌心均向里;眼看左前方(图 3 - 213)。

⑧左蹬脚分掌。右腿微屈站稳,左腿屈膝提起,左脚向左前方(约 30°)慢慢蹬出,脚尖上勾,脚跟不低于腰部;两掌分别向左前方和右方划弧分开,掌心向外,腕高与肩平,两臂伸展,肘微屈,左臂与左腿上下相对;眼看左手(图 3 - 214)。

 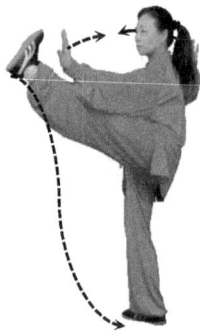

图 3 - 213 图 3 - 214

要领:①完成动作要柔和连贯,手脚配合要协调一致,蹬脚、分掌要同时完成。②身体要稳定,不可前俯后仰。两手分开时,腕部与肩齐平,沉肩坠肘。蹬脚时,脚尖上勾,腿跟用力,支撑腿微屈,臂与腿上下相对。

7. 掩手肱捶

①落脚掩掌。左小腿屈收,左脚收落于右脚内侧;同时,两臂外旋,两肘坠合,两手掩合于头前,与头同宽,掌心向内;眼看两手(图 3 - 215)。

②马步分掌。左脚尖上翘,重心下落,左脚跟擦地向左开步,上体稍右转;同时,两臂内旋,两掌翻转下落,上下交叉相叠于小腹右侧,左掌压于右掌背上,掌心均向下,眼看两手(图 3 - 216)。随之,上体左转正,重心左移于两腿之间;两掌向两侧开分,高与肩平,前臂内旋,掌心转向外;眼看前方(图 3 - 217)。

 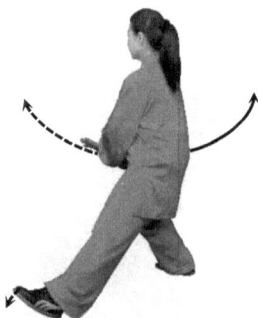 

图 3 - 215 图 3 - 216 图 3 - 217

③转体旋臂合肘。右移重心,上体微右转;同时,两臂外旋,肘内合,左掌摆至体前,掌心向上,高与肩平;右掌变拳,屈臂合于胸前,拳心向上;眼看左手(图 3 - 218)。

④左弓步冲拳。重心左移，上体左转，转腰顺肩，成左弓步；同时，右拳旋转向前方冲打，拳心转向下；左掌后收，掌心贴于左腹部，指尖向右；眼看右拳（图3-219）。

图3-218　　　　　　　　　　　图3-219

要领：①此式要体现出卷放劲。②两臂屈肘，两手外旋合于胸前与松腰沉胯、含胸拔背要协调一致，以形成周身完整的合劲。发拳时应将周身的蓄劲通过肩、臂迅速达于拳面；而后迅速制动，表现出脆快的冷弹劲。③竖脊转腰，实腹呼气，两臂前冲后拉，以呼气助力。④左脚出脚方向为左前30°到40°，冲拳方向与弓步夹角约60°，即正前偏右。

8. **野马分鬃**

①左转捋掌。上体左转，同时，右拳变掌向下划弧至腹前，掌心向下；左掌以拇指为轴，四指顺时针向下转动（图3-220）。

②右转掤臂。重心右移，上体右转；同时，右臂内旋，右掌翻转向外，并向上向右划弧，屈臂置于右肩前，拇指向下，四指尖向左；左臂外旋，掌心转向内，掌指背贴于右前臂内侧，随之划弧，两臂撑圆；眼看右手（图3-221）。

③左转横捌。重心左移，上体左转；同时，右臂外旋，左臂内旋，两掌成横掌，掌心向左前方，指尖向外，横捌于腹前，腰腹弹性发力；眼看两手（图3-222）。

图3-220　　　　　　　图3-221　　　　　　　图3-222

④转腰提膝托掌。重心右移，腰向右回转，两掌自右向左划弧，成俯掌于腹前，指尖皆向前；眼看右掌（图3-223）。随之，重心后移，左腿屈膝提起；同时，左臂外旋，左掌向左、向下、

向右、再向前上划弧翻转,掌心向上,托于左膝上方;右掌向下、向右上划弧横于身体右侧,掌心向外;眼看前方(图3-224)。

⑤左弓步穿掌。左脚向前上步,重心前移,成左弓步;同时,左掌向前穿靠,掌心向上,指尖向前,腕高与头平;右掌撑至身体右方,掌心向外,指尖斜向上,腕高与肩平,眼看左手(图3-225)。

图3-223　　　　　　　　图3-224　　　　　　　　图3-225

⑥摆脚提膝托掌。重心后移,左脚尖外撇,上体左转,左臂内旋;同时,左掌心翻转向外,并稍屈臂外撑;右臂亦外旋,右掌稍下落内收;眼看左掌(图3-226)。随之,重心前移,上体左转,右腿屈膝向前提收;同时,右掌向下划弧,经体侧前举,托于右膝上方,掌心向上;左掌左摆横于体侧,掌心向外,指尖斜向上;眼看右手(图3-227)。

⑦右弓步穿掌。右脚向前上步,重心前移,成右弓步。同时,右掌向前穿靠,掌心向上,指尖向前,腕高与头平;左掌撑至身体左侧,掌心向外,指尖斜向上,腕高与肩平;眼看右手(图3-228)。

图3-226　　　　　　　　图3-227　　　　　　　　图3-228

要领:①此式选自陈式太极拳,因此要在转换时做到转腰旋臂,转膝旋踝,以身带手,表现出缠绕折叠的特点。②在捋掌折叠时,转腰带臂,短促发力,动作要顿挫分明,断而复连,张弛刚柔,变化有序,富有弹性。③穿靠时,要脚跟先着地而穿掌,力点在上臂与肩关节上。

(三)第三组

1. 云手

①扣脚摆掌。重心左移,右脚尖内扣,上体左转;同时,右前臂内旋,右掌翘腕右旋,向左摆

至右肩前；左掌微向左撑，掌心向左；眼看右手（图3－229）。

②右转翻掌。重心右移，上体右转，左脚跟随之碾动；同时，右掌翻转向外，横掌右摆至身体右侧；左掌自左向下经腹前向右划弧，掌心随之翻转向上；眼看右手（图3－230）。

③左云收脚。重心左移，上体左转；左掌掌心向内，自右向上经面前向左划弧云转，指尖与眉同高；右掌向下经腹前向左划弧云转，掌心由外转向内；眼随左手（图3－231）。上体左转不停，右脚收于左脚内侧落地，两脚平行向前，相距10～20厘米；两掌云至身体左侧，逐渐翻转，左掌心转向外，右掌云至左肘内侧，掌心转向内，眼看左手（图3－232）。

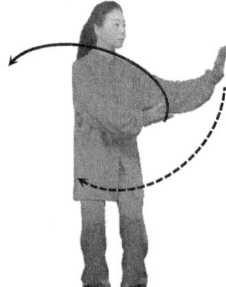

图3－229　　　　　图3－230　　　　　图3－231　　　　　图3－232

④右转云掌。重心右移，上体右转；同时，右掌自左经面前向右划弧云转，指尖高与眉齐，左掌向下经腹前向右划弧云转，眼看右手（图3－233）。

⑤开步翻云掌。上体继续右转，左脚向左侧开步，脚尖仍向前；同时，两掌云至身体右侧，逐渐翻转，右掌心转向外，左掌云至右肘内侧，掌心转向内，眼看右手（图3－234）。

⑥收脚转体云掌。重心左移，上体左转；同时，左掌经面前向左划弧云转，右掌向下经腹前划弧向左云转，眼看左手（图3－235）。上体左转不停，右脚收于左脚内侧落地，两脚平行向前，相距10～20厘米；同时，两掌云至身体左侧，逐渐翻转，左掌心转向外，右掌云至左肘内侧，掌心转向内，眼看左手（图3－236）。

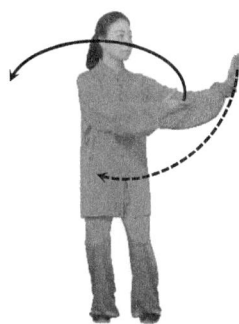

图3－233　　　　　图3－234　　　　　图3－235　　　　　图3－236

⑦上述④⑤⑥动作重复一次，但最后收并右脚时脚尖内扣约45°落地（图3－237、图3－238、图3－239、图3－240）。

图 3 - 237　　　　　　　　图 3 - 238　　　　　　　　图 3 - 239　　　　　　　　图 3 - 240

　　要领:①云手转腰与侧行步要协调配合,两手连续交叉划立圆,动作中要以腰为轴带动上肢,眼随上手。②侧行步时重心要平稳,移动腿为虚,支撑腿为实,两腿要虚实分明;上体保持正直,不要左右摇晃,或弯腰凸臀,或上下起伏。③云手及侧行步要保持速度均匀。

　　2. 独立打虎

　　①撤步穿掌。重心右移,左脚向身后撤一步,右腿屈膝前弓;同时,左掌掌心翻转向上向下划弧收于腹前,右掌掌心翻转向下,经左前臂上方穿出,向前伸探至体前,腕高与肩平;眼看右手(图 3 - 241)。

　　②转体扣脚。重心移至左腿,上体左转,右脚尖内扣;同时,两掌向下经腹前向左划弧,视线随上体转动(图 3 - 242)。

　　③右提膝贯拳。两掌逐渐握拳,左拳经体侧屈臂上举至左额前上方,拳心向外,拳眼斜向下;右拳屈臂收于左胸前,拳心向里,拳眼向上。左腿微屈站稳,右腿屈膝提起,右脚收至裆前,脚尖上翘并内扣,头转向右前方;眼看前方(图 3 - 243)。

 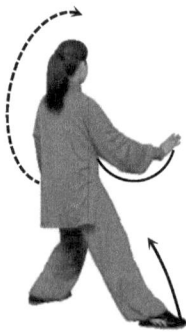 

图 3 - 241　　　　　　　　　图 3 - 242　　　　　　　　　图 3 - 243

　　要领:①两掌向左划弧时,头要左转,眼看左后方;提右腿贯拳时,头转向正前方,眼看前方。②左腿独立支撑时,胯部要放松;右腿提膝时,右脚尖要上翘内扣,脚跟里勾。

　　3. 右分脚

　　①垂腿叉托掌。上体微右转,右脚内收,脚尖下垂;同时,两拳变掌叠抱于胸前,右掌在外,掌心皆向里;眼看右前方(图 3 - 244)。

②右分脚分掌。右脚脚面展平,脚尖向右前上方慢慢踢出,高过腰部;两掌同时向右前方和左方划弧分开,掌心均向外,指尖向上,腕高与肩平,两臂撑举,肘关节微屈,右臂与右腿上下相对;眼看右手(图3-245)。

图 3-244　　　　　　　　　　　　　　图 3-245

要领:①右脚下垂时,右大腿保持稳定,上体保持正直。②分脚时两手要外撑,与分手要协调配合;上体稳定,不可低头、弯腰、屈腿、扬臂;自然呼吸。

4. 双峰贯耳

①屈膝落掌。右腿屈膝,小腿回收,脚尖下垂;同时,两臂屈肘外旋,在胸前相合,两掌经面前划弧平行下落于右膝上方,掌心翻转向上;眼看前方(图3-246)。

②落脚收掌。左腿屈膝落胯,右脚向前落步,脚跟着地;同时,两掌分落于腰侧,逐渐握拳,拳心向上;眼看前方(图3-247)。

③右弓步贯拳。重心前移成右弓步,两拳同时经两侧向前上方划弧贯打,高与耳齐,与头同宽,拳眼斜向下,两臂半屈成钳形;眼看前方(图3-248)。

图 3-246　　　　　　　　　　图 3-247　　　　　　　　　　图 3-248

要领:①右脚向前落步时,左腿屈膝下蹲,同时松胯,敛臀。②弓步和贯拳方向与右分脚相同,均为偏右30°;头颈须自然中正,松腰、松胯,两拳松握,沉肩坠肘,两臂保持弧形。③落脚弓步与贯拳要协调一致。

5. 左分脚

①转体分掌。重心后移,右脚尖外撇,上体右转;同时,两拳变掌向左右分开,掌心均向外;

眼看左手(图3－249)。

②收脚抱掌。重心前移至右腿,左脚收于右脚内侧,上体微左转;同时,两掌从左右两侧向下向内划弧至腹前相交再举抱于胸前,左掌在外,掌心均向内;眼看左前方(图3－250)。

③左分脚分掌。右腿微屈站稳,左腿屈膝提起,左脚尖向左前上方慢慢踢出(与起势方向成90°),脚面展平,高过腰部;同时,两掌向左前和右方划弧分开,掌心均向外,腕高与肩平,两臂撑举,肘关节微屈,左臂与左腿上下相对;眼看左手(图3－251)。

要领:①此式重心移动先后再前,后移两手分,前移两手相交叉成丁步。②分脚动作身体要中正稳定,沉肩坠肘;分脚时,右腿微屈,左臂与左腿须上下相对;分掌与分脚动作要协调一致。

　　　　图3－249　　　　　　　　　　图3－250　　　　　　　　　　图3－251

6. 转身拍脚

①转身落掌。左腿屈膝下落,身体以右脚掌为轴,顺势向右后转身,左脚尖随体转内扣落地;同时,两掌从两侧向腹前划弧下落,前臂外旋,掌心斜相对,头随身体转动(图3－252)。

②右转抱掌。重心左移,身体继续右后转(侧对上式左分脚方向),右脚随之转正,脚尖点地;同时,两掌交叉相抱于胸前,右掌在外,掌心均向里;眼看右前方(图3－253)。

③拍脚举掌。左腿支撑,右脚向上踢摆,脚面展平;同时,两前臂内旋,掌心转向外,右掌向前迎击拍右脚面,高与头齐;左掌向后划弧分开,平举于身体左方,腕高与肩平;眼看右手(图3－254)。

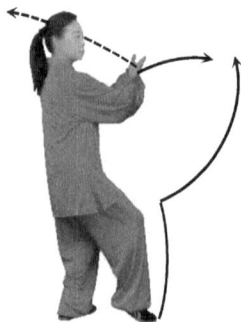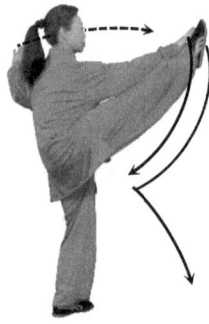

　　　　图3－252　　　　　　　　　　图3－253　　　　　　　　　　图3－254

要领：①左腿屈膝、上体右后转时，要注意两胯相合，重心微下蹲。②击拍时，绷脚抖腕，击响于摆踢的最高点。同时，要顶头、立腰，两腿均要自然伸直，呼气配合。

7．进步栽捶

①落脚右转体。左腿屈膝，右腿屈收，右脚前落，脚尖外撇，上体右转，重心前移；同时，两前臂外旋，左掌向上、向右划弧，掌心转向右；右掌翻转下落至腰间，掌心向上；头随上体右转（图3-255）。

②上步提拳。左脚向前上一步，脚跟着地，上体微左转；同时，右掌向右、向上划弧，屈肘握拳收于右耳侧，掌心向下，左掌向下划弧落于腹前；眼看前下方（图3-256）。

③左弓步栽拳。上体左转，稍向前俯身，重心前移，成左弓步；同时，右拳向前下方打出，高与腹平，拳面向前下方，拳眼向左；左掌自左膝上方搂过，按于左胯旁；眼看右手（图3-257）。

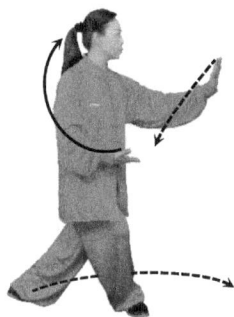  

图3-255　　　　　　　　　图3-256　　　　　　　　　图3-257

要领：①拍脚后，右脚要先屈收再向前落步。②左弓步与搂手栽拳要同时完成，栽拳方向为正前。③栽拳时上体前倾约30°，须保持顶头直腰，斜中寓正。

8．斜飞势

①后坐分掌。重心后移，左脚尖外撇，上体左转；同时，右拳变掌向上、向右划弧；左掌向左划弧，两掌分开（图3-258）。

②收脚合臂。右脚收于左脚内侧，左掌向上、向右划弧，屈臂于胸前，掌心斜向下；右掌向下、向左划弧，屈臂于腹前，掌心斜向上，两臂交叉相抱，左前臂在上；眼看左手（图3-259）。

图3-258　　　　　　　　　　　　　　　图3-259

③上步弓步分靠。上体微右转,右脚向右侧开步,脚跟着地(图3－260);随之,重心右移,上体左转,成右侧弓步(横裆步);右肩向右倾靠,两掌分别向右前上方和左前下方撑开,右掌略高于头,掌心斜向上,左掌与胯同高,掌心斜向下;眼看左手(图3－261)。

图3－260　　　　　　　　　　　　　　图3－261

要领:①此式动作选自吴氏太极拳,分靠时上体向右倾斜,要保持顶头、立腰,斜中寓正。②右脚落点要略后于左脚,不可成一条直线。③两掌分开时要有一种撑劲,沉胯,沉气。

9. 单鞭下势

①勾手摆掌。重心左移,上体左转,左腿屈膝,右脚跟稍外展;同时,左掌变勾手,上提,腕与肩同高;右掌向左划弧,经头前摆至左肘内侧;眼看右手(图3－262)。

②仆步穿掌。左腿全蹲,右腿铺直,上体右转,成右仆步;同时,右掌下落经腹前顺右腿内侧向右穿出,掌心由内转向外,指尖向右;眼看右手(图3－263)。

图3－262　　　　　　　　　　　　　　图3－263

要领:①仆步时,上体要保持基本竖直,上体可略向前俯,做到尽量收髋、竖脊、顶头,不要凸臀、低头弯腰。②仆步时,两脚要全脚着地,不可掀脚,右腿要平铺伸直,不可屈膝。

10. 金鸡独立

①右弓步挑掌。左脚蹬地,重心右移,上体右转,右脚尖外展,左脚尖内扣,右腿屈膝前弓,左腿自然蹬直,成右弓步;同时,右掌向上挑至体前,成侧立掌,腕高与肩平;左臂内旋下落至身后,勾尖转向上;眼看右掌(图3－264)。

②左提膝挑掌。重心前移,上体右转,重心移于右腿,左腿屈膝向前上提起,脚尖下垂,右腿微屈站稳,成右独立步;同时,左勾手变掌,经体侧向前、向上挑起,成侧立掌,指尖高与眉齐,右掌翻转下按于右胯旁;眼看左手(图3－265)。

③右提膝挑掌。右腿稍屈,左脚落于右脚内侧略后,重心移于左腿;上体左转,右腿屈膝提

起,脚尖下垂,左腿微屈站稳,成左独立步;同时,左掌翻转按于左胯旁,右掌成侧立掌挑至体前,指尖高与眉齐;眼看右手(图3-266)。

图3-264　　　　　图3-265　　　　　图3-266

要领:①支撑腿微屈,上体要自然中正,注意松胯、沉肩。②重心站稳再提膝、挑掌、按掌,三个动作要协调配合。

11. 退步穿掌

左腿稍屈,右脚后撤一步,右腿自然蹬直,左腿屈弓,左脚以前脚掌为轴顺势扭正,成左弓步;同时,左臂外旋,左掌掌心翻转向上,收经腰间,从右前臂上穿出,腕高与肩平;右臂内旋,横掌下按,落于左肘下方;眼看左手(图3-267)。

要领:①左腿屈膝,重心下降时,上体要保持正直。②右脚后撤,左掌穿、右掌按与成左弓步要协调一致,同时完成。右掌要按于左肘下,不宜靠前或过后。

图3-267

(四)第四组

1. 虚步压掌

①扣脚转身举掌。重心后移,左脚尖内扣,上体右后转;同时,右掌收至腹前,左掌举于左额侧上方;眼随转体平视(图3-268)。

②右虚步压掌。重心移至左腿,右脚提起,脚尖转向前方,脚前掌落地,成右虚步;上体向下松沉,微向前俯;左掌自上而下横按于右膝前上方,指尖向右;右掌按于右胯旁,指尖向前;眼看前下方(图3-269)。

图3-268　　　　　图3-269

要领：①完成动作时，上体向下松沉，胯下坐。②虚步劲力前三后七，眼要看前下方。

2. 独立托掌

左脚用力下踩，左腿微屈站稳，右腿屈膝提起，脚尖下垂，成左独立步；同时，右掌翻转上托，举于体前，掌心向上，腕高与胸平；左掌向左、向上划弧，撑于体侧，腕高与肩平，掌心向外，指尖斜向上；眼看右手（图 3 - 270）。

图 3 - 270

要领：①左腿慢慢伸直支撑，同时右腿屈膝提起，与托掌、撑掌协调一致，同时完成。②右掌掌跟用力上托，左掌跟用力外撑。③上体要正直，顶头，松胯，气下沉。

3. 马步靠

①落脚翻掌。上体微右转，右脚前落，脚尖斜向右前方，重心移于右脚；同时，右臂内旋，右掌翻转下捋；左臂外旋，左掌向上、向右划弧；眼看前方（图 3 - 271）。

②收脚举臂。左脚收于右脚内侧，上体继续右转；同时，右掌翻转向上，并向右划弧举于体侧，高与头平；左掌握拳，落于右腹前，拳心向下，拳眼向内；眼看右掌（图 3 - 272）。

③半马步靠。上体左转，左脚向左前方上步，重心略向前移，成半马步；同时，左臂内旋，摆至身体左侧，向前靠出，左拳拳眼向内，拳面向下，置于左膝前；右掌屈收，经耳侧推助左臂向前挤靠，掌心向左，掌指附于左上臂内侧下端；眼看左前方（图 3 - 273）。

 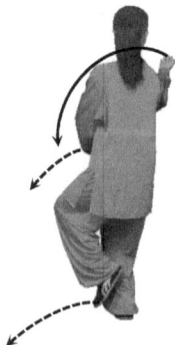 

图 3 - 271   图 3 - 272   图 3 - 273

要领：①马步靠下肢为半马步，两脚成丁字形，重心偏右腿。②挤靠时上体下沉，圆裆，右手挤按左臂，形成左肩臂向左前方挤靠劲，同时要呼气助力。

4. 转身大捋

①上步旋托掌。重心后移,左脚尖外撇抬起;左拳变掌,左臂外旋,右臂内旋,两掌心同时转向外,并微向后收带;眼看两手(图3-274)。上体左转,重心移向左腿,右脚收于左脚内侧,两脚平行向前,重心仍偏于左腿,并稍向上升高;同时,左臂内旋屈肘横掌提至胸前,掌心向外;右臂外旋,举于身体右侧,高与肩平,掌心向上;眼看右手(图3-275)。

图3-274　　　　　　　　　　　　　　图3-275

②撤步平捋滚压肘。以右脚前掌为轴,脚跟外展,身体左转,右腿屈膝下蹲;左脚后撤一步,脚尖外展落地;同时,两掌随转体向左平捋至体前,右掌高与头平;左掌置于右肘内侧,两掌心斜相对;眼看右手(图3-276)。上体继续左转,重心左移,右脚跟外展,右腿自然蹬直,左膝屈弓,成左侧弓步(横裆步);两掌向左平捋的同时逐渐握拳,左臂外旋,左拳向左弧形卷收于左腰间,拳心向上;右臂屈肘外旋滚压置于体前,右拳高与胸齐,拳心斜向上;眼看右拳(图3-277)。

图3-276　　　　　　　　　　　　　　图3-277

要领:①两掌捋时要与转身配合,以身带臂。②重心左移成左侧弓步与转身压拳同时进行。③压拳时力点在右前臂,上体要下沉落胯,前压后拉,形成对拉劲,同时要呼气助力。

5. 歇步擒打

①撑臂穿拳。上体右转,重心右移;同时,右臂内旋屈肘上撑,右拳置于右额前,拳心向外;左臂内旋,左拳从身体左后方贴左腿穿出,拳心向后;眼看前方(图3-278)。

②撤脚转体收拳。上体左转,左脚尖外展,重心前移;同时,右拳经体侧下落卷收于右腰

间,拳心向上;左拳变掌,向前划弧,掌心翻转向右,头随体转,眼看前方(图3-279)。

③右盖歇步打拳。右脚经左脚前向左前方盖步横落,两腿交叉屈蹲,成歇步;同时,左掌握拳,收于腹前,拳心向下,拳眼向内;右拳经左前臂上向前、向下方打出,高与腹平,拳心向上;眼看右拳(图3-280)。

图3-278　　　　　　　　图3-279　　　　　　　　图3-280

要领:①左拳经身体左后方穿出时要贴于左腿,以上体向左前进身,催左肩、左肘、左拳节节前穿。②成歇步时,后膝应顶住前膝窝,两膝靠紧。③擒打时,左拳在右前臂靠近右肘下方。

6. 穿掌下势

①收脚屈蹲。上体右转,左脚收至右脚内侧;同时,两拳变掌,右臂内旋,掌心翻转向外,掌指向左,提至胸前;左臂外旋,掌心翻转向外,掌指向左,举至身体左侧;眼看左手(图3-281)。

②撤步摆掌。上体右转,右腿屈蹲,左腿向左侧伸出;同时,两掌向上、向右划弧,经面前摆至身体右侧,掌心转向斜下,指尖斜向右上,右掌伸举于右前方,高与头平;左掌屈臂摆至右肩前,高与肩平;眼看右手(图3-282)。

③仆步穿掌。右腿全蹲,左腿铺直,上体左转,成左仆步;同时,两掌绕转,指尖转向左,经腹前顺左腿内侧向前穿出,左掌在前,掌心向外;右掌在后,掌心向内,眼看左掌(图3-283)。

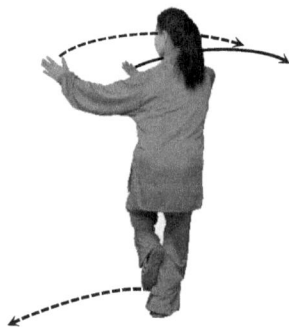  

图3-281　　　　　　　　图3-282　　　　　　　　图3-283

要领:①仆步时,右腿要全蹲,左腿要平铺伸直,不可屈膝。两脚平行或稍外展,全脚着地踏实,上体略前俯,要收髋,坐胯,竖脊,顶头。②穿掌时,两臂应屈肘,以指尖领先顺左腿前穿,不可低头弯腰。

7. 上步七星

①左弓步挑掌。重心前移,上体左转,左脚尖外撇,右脚尖内扣,右腿蹬直,左腿前弓;同时,左掌向前向上挑起,腕高与肩平,掌心向右,指尖斜向上;右掌微向后拉,侧置于右胯旁;眼看左掌(图3－284)。

②右虚步架拳。左脚稍外撇,右脚向前上一步,脚前掌着地,成右虚步;同时,左掌握拳,微向内收,拳心向内;右掌变拳向前、向上架起,拳心向外,两腕交叠,两拳交叉于身前,高与肩平,右拳在外,两臂撑圆;眼看左拳(图3－285)。

图3－284　　　　　　　　　图3－285

要领:①成虚步时,两腿均要屈曲,右脚上步和右拳前架要同时完成。②两拳交叉时,腕部相贴,两臂要撑圆,肩胯要松沉。

8. 退步跨虎

①撤步转体摆掌。右脚向右后方撤一步,重心后移至右腿,上体右转;右拳变掌向右下方划弧至右胯旁,掌心向下;左拳同时变掌,随身体右转稍向右划弧,掌心向右,头稍右转;眼看右前方(图3－286)。

②左转体落按掌。左脚稍向后收,脚前掌着地,落于右脚前,上体左转,身体略向下屈蹲;同时,右掌向上划弧经头前再向左向下划弧,落于左大腿外侧,掌心向外;左手经胸前划弧下落于左胯侧,掌心向下,眼随身转,看右手(图3－287)。

③左举腿挑掌。右脚蹬地,独立站稳;左腿前举,膝微屈,脚面展平,脚尖稍内扣;右掌向前、向上挑起,成侧立掌,腕高与肩平;左掌变勾手同时上提,举于左方,高与肩平,屈腕,勾尖向下,上体左转;眼看左前方(图3－288)。

 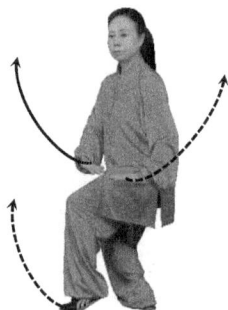 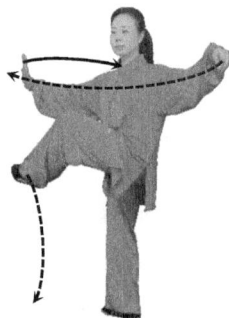

图3－286　　　　　　　图3－287　　　　　　　图3－288

要领：①提膝举腿、勾手挑掌要同时完成，不可分割。②完成时，要沉肩松胯，两手对撑，右膝微屈站稳，左脚面要展平，脚尖不可勾跷，眼要向左前方看。

9. **转身摆莲**

①落脚收摆掌。左脚前落，脚跟先着地，脚尖内扣，上体稍右转；同时，右臂内旋，右掌翻转向下，屈肘向右平带；左勾手变掌，掌心转向上，自后向前平摆至体侧；头随体转，眼看前方（图3－289）。

②右转穿翻掌。两脚以前掌为轴，向右后转体；同时，左掌摆至体前，掌心向上，高与头平；右掌翻转向上，经胸前及左肘下方向左穿出；头随体转，眼向前看（图3－290）。

图3－289   图3－290

③虚步摆掌。上体右转不停，至与"上步七星"式成背向，重心落于左腿，右脚尖虚点地；右掌穿出后向上、向右划弧，同时前臂内旋，掌心转向右，指尖向上，置于身体右侧，腕高与肩平；左掌自右臂内侧翻转下落，收于右肩前下方，掌心向右；眼看右手（图3－291）。

④摆腿拍脚。右脚提起，向左、向上、向右做扇形外摆，脚面展平，上体左转；同时，两掌自右向左平摆，在头前先左后右依次击拍右脚面；眼看两手（图3－292）。

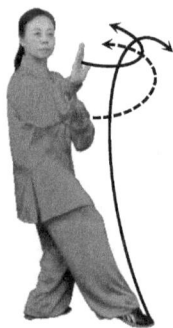 

图3－291   图3－292

要领：①摆莲脚，动作要柔和连贯，手脚配合要协调一致，上体要正直，顶头，立腰，沉肩，展臂，击拍要两响。②摆腿要做扇形，重心平稳，动作不宜过快、过猛。

10. **弯弓射虎**

①屈膝左摆掌。右小腿屈收，右腿屈膝提于体前侧，脚尖下垂，左腿独立站稳，上体左转；

两掌继续左摆,左掌摆至身体左侧,右掌摆至左肩前下方,掌心均向下,高与肩平;眼看左手(图3－293)。

②落脚抹掌。左腿屈膝下蹲,右脚向右前方落步,上体右转;两掌同时下落划弧,眼看两手(图3－294)。

 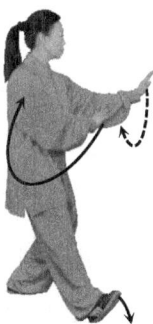

图3－293　　　　　　　　　　图3－294

③转体握拳。重心前移,上体右转;两掌向下、向右划弧至身体右侧时两掌握拳,拳心向下,眼看右拳(图3－295)。

④右弓步打拳。上体左转,右腿屈膝前弓,左腿自然伸直,成右弓步;左拳经面前向左前方打出,高与鼻平,拳心斜向前,拳眼斜向下;右拳同时屈肘向左前方打出,至右额前,拳心向外,拳眼斜向下;眼看左拳(图3－296)。

图3－295　　　　　　　　　　图3－296

要领:①落脚摆掌时,左腿要屈蹲,右脚慢慢落地,脚跟先着地,不可做成"砸夯"步。②两掌向右摆动时,上体和头部要随着转动,眼先向右看,再向左看。③弓步转身打拳动作要柔顺,两拳贯打时,劲顺脊背达于拳面,两臂要保持半圆形。

11. 左揽雀尾

①后坐分掌。重心后移,右脚尖外撇抬起,上体右转;同时,两拳变掌,左掌向左伸展,右掌翻转向下划弧至右腰间,掌心向上;头随身转(图3－297)。

②收脚抱球。重心前移至右腿,左脚收至右脚内侧;同时,右掌自下向右再翻转向上划弧,左掌由左向下划弧,两掌在胸前上下相抱,掌心相对;眼看右手(图3－298)。

③转体上步。上体微左转,左脚向前上步,脚跟着地,眼向前看(图3-299)。

图3-297　　　　　　　图3-298　　　　　　　图3-299

④左弓步掤。重心前移,左腿屈膝前弓,左脚踏实,右腿自然伸直,成左弓步;同时,左前臂向前掤出,左掌心向内,高与肩平;右掌按落于右胯旁,掌心向下;眼看左手(图3-300)。

⑤转体伸掌。上体微左转,左掌稍向左前伸并翻转掌心向下,右掌同时经腹前向前向左上划弧,并翻转使掌心向上置于左前臂内侧下方;眼看左手(图3-301)。

⑥右转下捋。上体右转,重心后移;同时,两掌下捋,右掌经腹前向右后上方划弧,高与肩平,右掌掌心斜向前;左掌屈臂摆至右胸前,掌心向内,眼看右手(图3-302)。

图3-300　　　　　　　图3-301　　　　　　　图3-302

⑦左转横臂。上体左转,面向前方;同时,右掌屈臂卷收,掌指贴近左腕内侧;左臂平屈胸前,左掌掌心向内,指尖向右;眼看前方(图3-303)。

⑧弓步前挤。重心前移,成左弓步;同时,双臂向前挤出,两臂撑圆,右掌指附于左腕内侧,高与肩平;眼看左前臂(图3-304)。

图3-303　　　　　　　图3-304

⑨弓步穿手。两掌内旋,右掌经左掌向上伸出,两掌分开,与肩同宽,掌心均向下;眼看前方(图3-305)。

⑩坐身收掌。身体后坐,重心后移于右腿,左脚尖上翘;同时,两臂屈肘,两掌经胸前下落至腹前,掌心向前下方;眼向前平视(图3-306)。

⑪左弓步按掌。重心前移,成左弓步;同时,两掌平行向上向前按出,腕高与肩平,掌心向前,指尖向上,踢腕舒掌;眼看前方(图3-307)。

图3-305　　　　　　　　　图3-306　　　　　　　　　图3-307

要领:①"揽雀尾"是掤、捋、挤、按四式的总称,做每个分动作的定势时,肢体要膨胀,劲力要贯注,动作要沉稳,体现动作由虚到实的变化。在动作的连接上既要有虚实转换,又要连续衔接,在节奏、劲力、意念上不可中断。②掤时,用腰带动左臂,臂要撑圆,上体不可前倾;分手、松腰、弓腿三者协调一致。③捋时,上体不可后仰、右歪,不可凸臀,下捋要随腰转,走弧线;左脚掌全脚着地,不可掀脚尖,眼要随身向右后看右手。④挤时,上体正直,挤手与松腰弓腿一致;两手掌要有空隙,不可贴实;两手前挤与脊背相对撑,两肘不可上扬。⑤按时,两手须走曲线;两手回收时,上体不可后仰,两肘下垂,不要外扬;前按时上体不可前倾、低头;两手相距要略窄于两肩,两臂要有一定曲度,两肘垂沉,不可僵直。

12. 十字手

①转体扣脚。重心右移,上体右转,左脚尖内扣,右脚尖外展;右掌随身体右转摆至面前,掌心向外;左掌分于身体左侧,掌心亦向外;眼看右手(图3-308)。

②摆脚分掌。右脚尖继续外展,重心右移,上体右转不停,左腿自然蹬直;同时,右掌摆至身体右侧,两掌左右平举于身体两侧,两肘略屈,掌心向前;眼随右手(图3-309)。

图3-308　　　　　　　　　　　　　　　图3-309

③转体抱掌。重心左移,右脚尖内扣,上体左转;同时,两掌向下向内划弧,于腹前两腕相交,两掌合抱,举至胸前,右掌在外,掌心均向内;眼看两手(图3-310)。

④收脚叉掌。开立右脚并内收,两脚与肩同宽,脚尖向前,成开立步;随即上体转正,两腿慢慢直立;两掌交叉成斜十字形抱于体前,掌心向内,高与肩平,眼看两手(图3-311)。

图3-310　　　　　　　　　　　　　　图3-311

要领:①转体扣脚、弓腿、分手、合手要连贯衔接,不可有停顿。②两手在两侧划弧下落时,不可低头弯腰;收右脚时,保持上体正直,不可向左歪斜。③两手交叉相抱,要圆背、撑肘,肩部要放松,两手腕距胸20厘米左右。④左右两脚内扣要适度,两脚平行,脚尖向正前。

13. 收式

①翻掌分手。两前臂内旋,两掌边翻边平行分开,与肩同宽,掌心向前下方;眼向前看(图3-312)。

②开立下按。两掌渐渐下落至腿外侧,松肩垂臂,上体自然正直;眼向前看(图3-313)。

③收脚并步。左脚收至右脚旁,两脚并拢,脚尖向前,身体自然直立,呼吸平稳均匀;眼看前方(图3-314)。

图3-312　　　　　　　图3-313　　　　　　　图3-314

要领:①两掌由交叉分开时,两臂内旋应顺势向前翻转两手,不要折腕、上翻手指。②两臂下落时要沉肩、坠肘,屈臂带动两手回落,不要用劲下按。③收式要松静、沉稳,保持正常行拳速度。④完成全套动作后应略停片刻,不要匆忙走动。

三、动作路线示意图

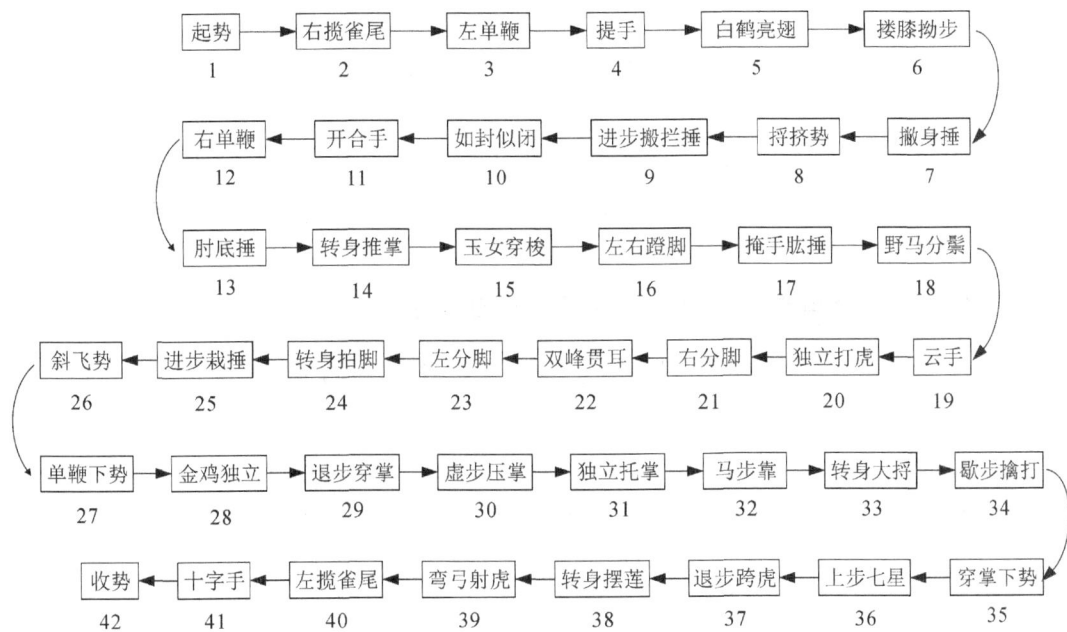

起势 → 右揽雀尾 → 左单鞭 → 提手 → 白鹤亮翅 → 搂膝拗步
1　　　2　　　　3　　　4　　　5　　　　6

右单鞭 ← 开合手 ← 如封似闭 ← 进步搬拦捶 ← 捋挤势 ← 撇身捶
12　　　11　　　10　　　9　　　　8　　　7

肘底捶 → 转身推掌 → 玉女穿梭 → 左右蹬脚 → 掩手肱捶 → 野马分鬃
13　　　14　　　15　　　16　　　17　　　18

斜飞势 ← 进步栽捶 ← 转身拍脚 ← 左分脚 ← 双峰贯耳 ← 右分脚 ← 独立打虎 ← 云手
26　　　25　　　24　　　23　　　22　　　21　　　20　　　19

单鞭下势 → 金鸡独立 → 退步穿掌 → 虚步压掌 → 独立托掌 → 马步靠 → 转身大捋 → 歇步擒打
27　　　28　　　29　　　30　　　31　　　32　　　33　　　34

收势 ← 十字手 ← 左揽雀尾 ← 弯弓射虎 ← 转身摆莲 ← 退步跨虎 ← 上步七星 ← 穿掌下势
42　　　41　　　40　　　39　　　38　　　37　　　36　　　35

图 3-315

第四章　初级剑术

第一节　剑术的起源与发展

一、新石器时代到青铜器时代：剑器的形成时期

在我国，剑术有着悠久的历史。从出土文物中可以看到，在四千多年前石器时代向铜器时代过渡的时期，就已经有了剑器的发明创造。

新石器时代，已开始有了用细长石薄片嵌入兽骨两侧的"石刃骨剑"。这种剑器体积小，仅有二三寸长，是一种生活工具，还起不了后来剑术击刺的武器作用，但却具备了剑器的雏形。青铜器时代，出土文物中出现了西周以来的"铜剑"。这种剑器在合金、冶铸、淬炼、外镀、花纹、形制等方面，都已达到了相当高的工艺水平。随着剑器的发明创造，而后有了剑术的产生。从"石刃骨剑"到"铜剑"这一不断进步的漫长过程，为剑术的形成和发展奠定了物质基础。

二、春秋战国：剑术出现

剑术在春秋时期开始出现，史籍中也开始出现关于剑术家的记载。《吴越春秋》卷九和《庄子·说剑篇》中都记述了古代击剑的技术和战术。《汉书·艺文志》载有《剑道》三十八篇，是论述击剑技术的专著。春秋战国时期的剑术技术和理论得到了飞跃性的发展。这个时期的剑术发展，主要以格斗技击的形式出现。

三、周秦时期：剑术运动和基本理论的形成

周秦时期对剑术的活动已有记载。《孔子·家诺》记载："子路戎服见孔子，仗剑而舞。"这是剑术的一种"舞练"的运动形式。手执干、戈、戚等武器进行"舞练"，周代唤作"舞象"。在少年教育的内容里面，规定着十五岁的少年都要学习"舞象"。其目的除了"真兵于乐舞之间""习戎备也"，也还有着"执其干戚，习其俯仰诎伸，容貌得庄焉"，"舞以导之"锻炼身心健康的体育意义。

剑术的另一种"相击"格斗的运动形式，在此时也有出现。《庄子·说剑》记载："赵文王喜剑，剑士夹门而客三千余人，日夜相击于前。"然而，当时剑术的这种"相击"格斗的运动形式还没有很完善的护具，比赛时发生伤害事故是比较多见的。《管子》记载："吴王好剑，而国士轻死。"虽然如此，"相击"格斗的击剑之风还是好之不厌。剑术的这种"相击"格斗的运动形式，不仅仅是剑与剑相击，也还有以剑器和别的长武器"相击"格斗的比赛，秦时把它唤作"持短入长，倏忽纵横之术也"。

这一时期,剑术的基本理论也已形成。汉代的史学家司马迁的先祖就是在此期间"去周适晋",后分散,"在赵者,以传剑论显"。燕国的荆轲也"尝游榆次,与盖聂论剑"。庄子在《说剑篇》里论剑道:"夫为剑者,示之以崖,开之以利,后之以发,先之以至。"《吴越春秋》里的"越女"是一位女子剑术家,她的剑术基本理论是:"内实精神,外示安仪,见之似好妇,夺之似惧虎,布形候气,与神具往,杳之若日,偏如腾兔,追形逐影,光若仿佛,呼吸往来,不及法禁,纵横逆顺,直复不闻。"理法极为深奥。

四、两汉时期:剑术运动更加普及

两汉时期,剑术的普遍性超过周秦。"郡国……剑客辄凑",吴越之地因袭前代遗俗"其民至今好用剑"。两汉时期,剑术名手辈出,技术水平也有了发展。汉初的齐曲城侯张仲,就是"以善击刺,学用剑立名天下"的剑术家。他的剑术和"越女"齐名,同为剑术家们的楷范。王充在《论衡》里说:"剑伎之家,斗战必胜者,得曲城越女之学也。"淮南贤士"八公"之一的雷被,也是一位巧于击剑的剑术家。

到汉末,剑术家已遍布四方,著名的有王越、史阿等人。魏国的曹丕,"好击剑,善以短乘长",能够以剑器和其他长武器进行较量。他的剑术学于史阿,技术精熟。他闻知奋威将军邓展是位擅长拳术、器械,又能空手入白刃的武将,与之"论剑良久"。后来两人便要较量一番,"时酒酣耳热,方食芋蔗,便以为杖,下殿数交,三中其臂",再复一交,又"正截其颡"。幸亏用蔗当剑器,不然的话,邓展定要受到伤害。蜀国的刘备,善使双剑,他的剑术"顾应法"也曾流传一时。在汉代,东方朔、司马相如、田仲、杨球等文人也都能击剑,可见剑术之盛行。

在这一时期内,随着"宴乐必舞""乐饮酒酣必自起舞"习俗的兴起,剑术的"舞练"运动也常在宴会上出现。楚汉相争时的"鸿门宴",楚项庄就是借"入为寿"为辞而"请以剑舞",在宴会上舞起剑来。如果没有这种习俗,项庄是不能够在宴前拔剑起舞的。《汉书・艺文志》兵伎巧十三家一百九十九篇,列有《剑道》三十八篇;同时在杂赋十二家二百三十三篇中,也列有《杂鼓琴剑戏赋》十三篇。这说明剑术的"相击"格斗和"舞练"这两种运动形式,在汉代都是普遍流行的。

五、晋代以来:好剑之风尚存

晋代以来,世俗尚清谈玄理,但喜好剑术之遗风还是存在的。阮籍也喜好剑术,他在《咏怀》里吟道,"少年学击剑,妙伎过曲城",说自己的剑术已经超过了汉时的曲城侯张仲。晋代的"集体剑舞",舞练起来也是很雄壮的。傅玄在《短兵篇》里这样描述:"剑为短兵,其势险危,疾飞电,回旋应规,武节齐声,或合或离,电发星骛,若景若差,兵法攸象,军容是仪。"

好剑之风延续到南北朝。见于文记载的有北魏的"卫王仪……少能舞剑";南朝梁的道士阳弘景更著有《剑经》,首开后世道家习练剑术之端。

六、唐代:剑术遍及朝野

唐代,剑术遍及朝野,文人、武将、妇女、道家,擅长剑术的大有人在。诗人李白"少年学剑术",他经常"酒酣舞长剑","三杯拔剑舞龙泉",在朋友中间仗剑而舞。其他的诗人,苏颋、袁瑝、王昌龄、白居易等也都喜爱剑术。在百戏队伍里的女子剑术家公孙氏,她的剑术同样具有莫大的魅力。书法家张旭说,"见公主担夫争道,又闻鼓吹,而得笔法;观公孙舞剑器,而得其神","自此草书长进","一夫先舞剑,百戏后歌樵"。在百戏队伍里舞练剑术的还有许多男子,但是都没有公孙氏这样具有感染力。剑术的舞练技术,在唐代可以说是有了空前的发展。

在唐代,由于佛道宗教的盛行,充满神仙妖邪鬼怪的迷信之风,也影响着剑术的健康发展。如《佛说妙吉详最胜根本大教王经》里,有"成就剑法"及"圣剑成就法",说是若剑法练成,就能够"隐身""降龙""杀魔冤""破军阵""杀千人""寿命一百岁"。唐代小说中的剑侠事迹,以及后代所传千里之外飞剑取人首级、"单丁杀百贼"等,都是受了这种神奇怪诞的宗教"剑法"的影响所致。这是剑术在唐代发展中颇为消极的一面,后世的剑术有一部分遂为佛道所利用而走向了神秘的歧途。

七、宋代:"舞剑"形式新发展

宋代统一全国之后,鉴于外患之烈,重视讲武之礼并不亚于前代。此时的剑术,在朝内有"军头司每旬休,按阅内等子、相扑手、剑棒手格斗";殿司诸军于白洋湖操练水战时,也还须有"剑棒手数对打熬",剑术的"相击"格斗运动,仍然是训练军士的军事体育项目中重要的一项。

"舞练"形式的剑术,同样在继承的基础上有了新的发展。太宗太平兴国四年,"帝选诸军勇士数百人,教以舞剑,皆能掷剑空中,跃其身左右承之,见者无不恐惧"。这种集体剑舞往往是在国外使节前来修贡,便殿赐宴的时候才"出剑士示之","数百人祖裼鼓噪,挥刃而入,跳掷承接,曲尽其妙",唬得国外使节"不敢正视"。"舞练"形式的剑术在诸军百戏里面,也有"剑对牌"之类出现。即使在民间的"百戏踢弄家",其中也有许多是擅长"舞剑"的。

在宋代,士人中间也还是流传着"中夜闻鸡,剑光正烛牛斗""舞剑灯前""论诗说剑"的尚剑遗风。著名诗人陆游就是其中的一位。他"十年学剑勇成癖","少携一剑行天下","负琴腰剑成三友",把剑看成是身边的挚友。他的朋友独孤景略,也是"工文,善射,喜击剑"的文士。宋王朝虽然置武学,兴武科,重讲武之礼,但是对于民众的好剑,却抱着消极的态度。如真宗咸平五年,"代州进士李光辅善击剑,诣阙。帝曰'若奖用之,民悉好剑矣'。遣还"。这使得剑术在民间的普及发展受到了一定的影响。

八、明清时期:中国武术发展的"轴心期"

明清时期是中国武术发展的轴心期,武术在民间得到了较好的发展,剑术渐渐被传统武术中的拳术流派吸收演绎。

明代武术兴起,剑术复出,教剑者、论剑者有之。各流派交流频繁,诞生了不少影响至今的门派和技术。《武备志》中记载了剑的用法,如跨左击、跨右击、翼左击、逆鳞刺、坦腹刺、双明刺、旋风格、御车格、风头洗等。唐顺之《武编》中记载了一些高超绝技,对后来剑术套路及表演技艺的发展影响很大,并且在演练的武术套路中,亦有所见。

到了清代,民间"学习拳棒有禁",剑术又复匿迹。虽然如此,剑术仍然在民间流传着。

九、近代:剑术演化为体育活动

近代,剑术"相击"格斗形式的击剑,已发展为"短兵"。它除了保持剑术的攻防技术之外,还具有刀术的攻防技术;器具也变为用半寸直径粗细的藤条一根,裹上一层棉花,用布条缠紧,外面包上柔软的皮革,以两块硬厚的皮革合缀一起制成约三寸直径的圆形护手,做成长三尺、直径一寸的棒形器械。"舞练"形式的剑术,经过继承发展,再继承,再发展,逐渐形成了具有独立体系的"套路运动"。其种类和内容都是非常丰富的,如太极剑、太乙剑、八仙剑、八卦剑、纯阳剑、达摩剑、青萍剑、青龙剑、青虹剑、飞虹剑、峨眉剑、昆仑剑、武当剑、昆吾剑、三才剑、三合剑、七星剑、十三剑、龙形剑、蟠龙剑、云龙剑、龙凤剑、螳螂剑、通背剑、绨袍剑、穿林剑、奇行剑、金刚剑、连环剑、双手剑等,都是各地广泛流行的剑术。

这些剑术名目繁多,形式不一:有单剑,有双剑;有单手运使的剑,有双手运使的剑;有正握走势的剑,有反握走势的剑;有单人独练的剑,有双人对练的剑。但是就其剑术体势而言,大致可归纳为工架剑、行剑、绵剑、醉剑等四类。

新中国成立以后,剑的基本功能和作用已不再表现为一种军事战斗力的载体,而是演化成为一种用于健身的体育活动,用于观赏的表现形式。剑术成了剑的演练套路的代称,被列为中国武术比赛项目,并且增加了各种花法、平衡、翻腾、造型等动作,使剑术有了很大发展。健体强身,观赏娱乐,竞技比赛,正是今天剑术的基本功能和作用。

第二节 基本剑法与步法

一、基本剑法

(一)刺剑

动作:立剑或平剑向前直出为刺(图4-1、图4-2)。

图4-1   图4-2

要领:刺剑时,要使剑尖向刺出方向直出,不能向左右偏斜或使剑尖走明显的弧线;刺剑时,前段可均匀加速,在臂将要伸直时应猛然加速发力,使力达剑尖;当剑刺出时,虎口宜稍松,小指、无名指稍扣紧,腕同时内收,使剑和前臂成一直线,若手指和手腕紧张,则不能使剑和前臂成一直线。

（二）劈剑

劈：立剑由上向下为劈，力达剑身，臂与剑成直线（图4-3、图4-4）。

图4-3　　　　　　　　　　　　　　　　　　　图4-4

反劈：反劈剑时，前臂外旋，手心朝里，由上向下劈（图4-5、图4-6）。

图4-5　　　　　　　　　　　　　　　　　　　图4-6

(三)抹剑

动作:平剑,由前向左(右)弧形抽回为抹,高度在胸腹之间,力达剑身。左抹,手心向上;右抹,手心朝下(图4-7、图4-8)。

图4-7　　　　　　　　　　　　　　　　　图4-8

要领:做抹剑要注意使剑由前向后沿弧线回抽的动作,一般不须猛然发力,力法较为沉稳柔顺,力点在前面的剑刃上;抹剑运动路线近于水平,不要斜向上或下;左手随右臂运动。

(四)撩剑

动作:立剑,由下向前上方为撩,力达剑身前部(图4-9、图4-10)。

图4-9　　　　　　　　　　　　　　　　　图4-10

反撩剑:前臂须内旋(图4-11、图4-12)。

图 4 - 11

图 4 - 12

要领：撩剑是一种由下向上的剑法，虎口向下，力点在上方剑刃的前部；做右撩剑时右臂要充分外旋，做左撩剑时右臂要充分内旋，撩时剑应贴身运动；左手应和右臂协调配合，左臂常随同右臂一起运动。

（五）斩剑

动作：平剑，高度在头与肩之间，平剑向左（右）横出，力达剑身前面的剑刃，力法较为刚劲（图 4 - 13、图 4 - 14）。

图 4 - 13

图 4 - 14

要领：臂伸直，没有回抽的动作。

（六）挂剑

动作：立剑，剑由上向下，力达剑身前部（右挂剑：图 4 - 15、图 4 - 16、图 4 - 17；左挂剑：图 4 - 18、图 4 - 19、图 4 - 20）。

图 4 - 15　　　　　　　　　图 4 - 16　　　　　　　　　图 4 - 17

图 4 - 18　　　　　　　　　图 4 - 19　　　　　　　　　图 4 - 20

要领:挂剑是一种由上向下的剑法,虎口向下,做挂剑时要扣腕,即手腕外展,使剑和前臂间保持约 90°,抢挂剑时剑贴身立圆挂一周,力点在下方的剑刃前部;做抢挂剑须使剑在贴身的立圆上运动,所以做左抢挂剑时,右臂须充分内旋,做右抢挂剑时,右臂须充分外旋;做轮挂剑时左臂须和右臂协调配合,做左抢挂剑时左臂常与右臂合,使左手靠近右臂;做右抢挂剑时左臂常与右臂分开,使左手向前上方伸出。

(七)架剑

动作:立剑,横向上,剑高过头,剑由上向下,力达剑身(图 4 - 21、图 4 - 22)。

图 4 - 21　　　　　　　　　　　　　　　　　图 4 - 22

要领:剑身要平,配合右前臂外旋(或内旋)的动作使力点在上面的剑刃上。

(八)点剑

动作:立剑,提腕,直臂,剑由上向下,发力迅猛,力达剑尖(图 4 - 23)。

图 4 - 23

要领:手腕充分内收,食指和拇指松活,轻附于护手旁,无名指和小指紧扣剑把。

(九)截剑

动作:斜剑(剑身斜向上或斜向下),自起点剑斜向前上方或前下方,脆快短促,力达前侧剑刃前部(上截剑:图 4 - 24;下截剑:图 4 - 25)。

图 4 - 24

图 4 - 25

要领:右臂斜向前上或前下方伸出,手腕内收,左臂配合右臂协同用力。

(十)崩剑

动作:立剑(由上向下),平剑(由左向右),剑由上向下,剑由左向右,力达剑尖(图 4 - 26、图 4 - 27)。

图 4 - 26

图 4 - 27

要领:臂伸直或微屈,剑尖高不过头。

(十一)挑剑

动作:立剑,剑由上向下,力达剑尖(图 4 - 28、图 4 - 29)。

要领:力法沉稳柔顺,虎口向上,臂与剑成一直线。

图 4 - 28   图 4 - 29

(十二)云剑

动作:平剑,在头顶或头前上方平圆绕环,力达剑身(图 4 - 30、图 4 - 31)。

图 4 - 30   图 4 - 31

要领:剑身要平,仰头以前臂为轴,剑画平圆,不能成斜圆;左云剑为左后绕环,右云剑为右后绕环。

二、基本步法

(一)弓步

动作:两脚前后开立(约本人脚长四倍),前腿屈膝大腿近水平,后腿伸直脚尖内扣,上体正对前方。要做到前腿弓,后腿蹬,挺胸塌腰沉髋。弓左腿称左弓步,弓右腿称右弓步(图4-32)。

图4-32

易犯错误:后腿屈膝,后脚拔跟,掀脚。

(二)马步

动作:两脚开立(约为本人脚长的三倍),屈膝半蹲,大腿近水平,身体重心居中,脚尖微内扣(图4-33)。

图4-33

(三)仆步

动作:两脚开立,略宽于马步,一腿全蹲,大小腿贴紧,全脚掌着地,膝与脚尖外展约 45°;另一腿伸直(仆腿),脚尖内扣;挺胸,塌腰,开胯,上体微前倾,眼向仆腿方向平视。仆左腿为左仆步,仆右腿为右仆步(图 4-34)。

图 4-34

易犯错误:两脚不能全掌着地,仆步腿伸不直。

(四)虚步

动作:两脚前后开立,后脚外展 45°,屈膝半蹲;前脚绷直稍内扣,虚点地面,膝微屈。重心落在后腿,挺胸塌腰,眼平视。左脚在前为左虚步,右脚在前为右虚步(图 4-35)。

图 4-35

易犯错误:驼背弓腰,虚实不清。

(五)歇步

动作:两腿交叉站立,与肩同宽,屈膝全蹲。前脚全掌着地,脚尖外展,后脚前掌着地,大小腿重叠,臀部坐于后小腿接近脚跟处。左脚在前为左歇步,右脚在前为右歇步(图 4 - 36)。

图 4 - 36

第三节　初级剑术(图解)

在进行初级剑术前,应持剑行礼(图 4 - 37)。

图 4 - 37

一、预备式

(一)预备式一

动作:左手持剑,并步站立(图 4 - 38)。

右手为剑指,目向左平视,两臂同时稍向上提(图 4 - 39)。

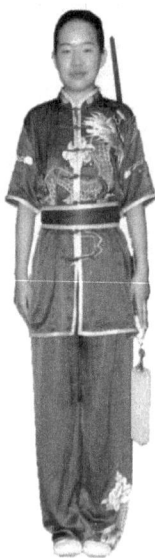

图 4 - 38　　　　　　　　　　　　　　　　图 4 - 39

要领:左手持剑方法是以拇指为一侧,无名指和小指为另一侧,分握护手盘和剑柄的分界处,掌心贴在护手盘下部,手背朝前,食指和中指贴于剑柄,剑身贴于前臂后侧;右手手背朝上,食指、中指内扣,指向左下方;前臂垂直于地面。要敛神静气,集中注意力。

易犯错误及如何纠正:下垂的动作易被遗忘;需有意识地进行这个动作。

(二)预备式二

动作:右手剑指经体前向右前方顺时针画弧伸出,拇指一侧在上。右脚向右上步成弓步(图 4 - 40)。

图 4 - 40

要领:右手剑指要经胸前屈肘上举,至左肩后再指出;目视剑指。

易犯错误及如何纠正:在右脚上步后容易遗忘左脚要前脚掌碾地,脚跟外展;弓步中在后方的脚都是 45°朝向,在上步后有意识地调整后脚。

（三）预备式三

动作：左手持剑画弧至身前做反臂平举，右手剑指收于右腰侧，下肢呈弓步（图4-41）。

图4-41

易犯错误及如何纠正：右手剑指收于右腰侧时是掌心向上，和后面指出去时是虎口向上不同；记住两处的不同。

（四）预备式四

动作：左手持剑下落，右手剑指向右侧平伸指出，拇指一侧在上，左脚向右脚并步（图4-42）。

图4-42

要领：并步和左手下落同时，目视剑指。腰拧转时两脚不可移动，平举时左肘略屈，右手剑指从左手背上穿出成立指，左手继而持剑下落。剑刃不能触及臀部和身体。

易犯错误及如何纠正：右手伸出和左手下落易同时进行，没有右手从左手背上穿出的过程；将这个小过程先进行分解，记住两手顺序（以上三个分解动作必须连贯起来做）。

（五）预备式五

动作：左手绕环平举于身体左侧，拇指一侧在下，右手剑指收于右腰侧，掌心向上。左脚向左上步成弓步（图4-43）。

图4-43

要领：左手持剑绕环时要经胸前向前向上弧形绕环。

易犯错误及如何纠正：脚跟外展容易遗忘；弓步中在后方的脚都是45°朝向，在上步后有意识地调整后脚。

（六）预备式六

动作：左手下落，右手剑指沿右耳侧向前平伸指出，拇指一侧在上。左腿伸直，右脚并步（图4-44）。

图4-44

要领：右手剑指在耳侧时指向前方，手心向下；右手剑指指出时，肘要伸直，剑指尖稍高过肩；目视剑指。

(七)预备式七

动作：左手向前平伸,拇指一侧在下,右手剑指顺左臂下面屈肘收于左肩前(图 4 - 45)。
右脚上步上成弓步。

图 4 - 45

要领：右手屈肘使手指向上;右脚上步后左脚脚尖内扣。

易犯错误及如何纠正：右手剑指位置易错误;记住右手是顺势收回,附于左肩前最合适,
有意识地提醒自己注意剑指位置。左脚脚尖易忘记内扣;牢记弓步在后方的脚都是 45°朝向,
在上步后有意识地调整后脚。

(八)预备式八

动作：右手剑指经身前向右侧平伸展出,拇指一侧在上,成右弓步(图 4 - 46)。

图 4 - 46

要领：目视剑指;做弓步时两脚前脚掌均着地。

易犯错误及如何纠正：右手剑指展出时易手背在上;记住剑指方向和向上部位,有意识地
进行区分。

(九)预备式九

动作:左手持剑向胸前屈肘,掌心向外,右手剑指也向胸前屈肘,手背向外。步法为虚步(图 4 - 47)。

图 4 - 47

要领:两肘要平,剑尖稍高于左肘。

易犯错误及如何纠正:弓步转换虚步时忘记右脚前脚掌里扣;牢记弓步中在后方的脚都是45°朝向,发现弓步转换虚步时前后脚变换,自动调整后脚方向为45°朝向。

二、第一段

(一)弓步直刺

动作:左脚向前上半步成左弓步,上体左转。右手持剑向身前平伸直刺,左手剑指伸向身后平举(图 4 - 48)。

图 4 - 48

要领:弓步要有左右间距。

(二)回身后劈

动作:右脚向前上一步,上体右转。右手持剑经上向后劈,左手剑指摆至头顶上方,目视剑尖(图 4-49)。

图 4-49

要领:这一动作是叉步,所以右脚上步时脚尖外摆。

(三)弓步平抹

动作:左脚向左前方上一步成左弓步(图 4-50),右手持剑向前平抹,目视前方(图 4-51)。

图 4-50

图 4-51

要领:平抹为从右向左抹,手心向上。

(四)弓步左撩

动作:上体左转,右腿屈膝前提(图 4-52、图 4-53)。右腿向右前方落步成右弓步。右手持剑,由前向上、向后画弧,左手剑指由头顶下落,附于右手腕处,目视剑身(图 4-54)。

图 4 - 52　　　　　　　　　　图 4 - 53　　　　　　　　　　　图 4 - 54

要领：撩剑时右臂要充分内旋。

(五)提膝平斩

动作：斩剑，提膝。

要领：从弓步左撩结束动作起，左脚向前上一步，右手手腕向左翻腕(图 4 - 55)，使剑向左平绕至头部前上方(图 4 - 56)，再用力向前平斩，同时右脚由后向身前屈膝提起(过腰)；左手剑指由下向左上弧形绕环，屈肘横举于头部左上方，剑指掌心向上，目视前方(图 4 - 57)。

图 4 - 55　　　　　　　　　　图 4 - 56　　　　　　　　　　图 4 - 57

易犯错误及如何纠正：剑从左向后平绕与平斩上脱节，不协调；左脚独立不稳。多练习斩剑动作，原地踢腿，提高单脚站立的稳定性。

(六)回身下刺

动作：刺剑，叉步。

要领:右脚向前落步,脚尖外撇,上身右转;右手持剑,使剑尖下垂向后下方直刺,左手剑指先向身前的右手靠拢,在刺剑的同时向前上方伸直,剑指向前,目视剑尖(图4-58、图4-59)。

图4-58　　　　　　　　　　　　　　　　　　图4-59

易犯错误及如何纠正:落步时剑尖未向后下方,腰向右拧转时剑指和剑身不成一直线;多练习转身下刺。

(七)挂剑直刺

动作:左脚向前上一步,左腿直立,右腿在身前屈膝提起;右臂内旋,向左向上挂剑,然后屈肘,左手剑指附于右手腕;以左脚前脚掌为着力点,身体向右旋转;右手持剑落于胸前,左手剑指仍附于右手腕;右脚向右跨一大步成右弓步,右手持剑向右刺出,左手剑指向后平伸,目视剑尖(图4-60、图4-61、图4-62)。

图4-60　　　　　　　图4-61　　　　　　　　　　图4-62

要领:动作须连贯,最后成弓步时两脚不要在一条线上,更容易站稳。

(八)虚步架剑

动作:上身右转,左脚向前半步,右手持剑内旋,反手向右后上方屈肘上架,左手剑指屈肘附于右手腕处,目向左平视;左脚向前一步成左虚步,重心在右脚,右手持剑向后引,左手剑指向前平伸,目视剑指(图4-63)。

图4-63

三、第二段

(一)虚步平劈

动作:上身右转,重心左移,成右虚步。右手持剑,向下平劈,左手剑指,上摆至左上方,目视剑尖(图4-64)。

图4-64

要领：平劈时速度要快，力达剑尖。

易犯错误及如何纠正：右虚步时，重心在左脚，同时右脚要向右移一小步，为了下盘更稳，两脚不得在一条直线上。

（二）弓步下劈

动作：右脚踏实，身体重心前移，左手剑指伸向右腋下，右手持剑臂内旋使手心朝下。左脚随即向左前方上步，左腿屈膝；右腿向后蹬直，脚尖里扣，成左弓步。在左脚上步的同时，右手持剑屈腕向左平绕，划一小圈后向前下方劈剑，剑尖高与肩平；左手剑指随之由右腋下面向左、向上绕环，在头顶上方屈肘侧举，上身略前俯。目视剑尖（图4-65、图4-66、图4-67）。

图4-65 　　　　　　　　　　图4-66 　　　　　　　　　　图4-67

要领：劈剑时，右肩前顺，左肩后引，剑尖与手、肩成一直线。

易犯错误以及如何纠正：左、右手分别划圆时出错，方向辨识不清，动作不连贯、协调；左右手遵循各自轨道，右手持剑屈腕向左平绕，划一小圈后向前下方劈剑，剑尖高与肩平；左手剑指随之由右腋下面向左、向上绕环，在头顶上方屈肘侧举。多加练习动作，增加肌肉记忆。

（三）带剑前点

动作：右脚向左脚靠拢，以前脚掌虚着地面，两腿均屈膝略蹲。右手持剑向上屈腕，使剑向右耳际带回，肘微屈；左手剑指随之由前下落，附于右手腕处。目向右前方平视。上动不停，右脚向右前方跃一步，落地后即屈膝半蹲，全脚着地；左脚随之跟进，向右脚并步屈膝，以脚尖点地，成丁步。同时，右手持剑向前点击，拇指一侧在上；左臂屈肘，剑指向头顶上方侧举，手心朝上。目视剑尖（图4-68、图4-69）。

要领：向前点击时，右臂前伸、屈腕，力点在剑尖，手腕稍高于肩，剑尖略比手低。成丁步后，右大腿尽量蹲平，左脚脚背绷直，脚尖点在右脚脚弓处，两腿必须并拢。上身稍前倾，挺胸、直背、塌腰。

图 4 - 68　　　　　　　　　　　　　图 4 - 69

难点：这个动作里的"带剑"与"前点"均是难点。武术套路竞赛规则对"带剑"的解释是：平剑或立剑由前向侧后或侧后上方抽回为带，力达剑身。练习者在做这个动作时，只需把手腕放松，略松开无名指和小指，伸直手臂就行了。

下面再分析"点剑"，武术套路竞赛规则要求"立剑，提腕，使剑尖猛向前下为点，力达剑尖，臂伸直"。在这里"点剑"的难点是"提腕"，只有"提腕"，才能使剑尖下，力达剑尖。"提腕"，就是手腕猛向上顶。做到了"提腕"，难点就不成难点了。

要领：向右脚并步时需屈膝，以脚尖点地，成丁步，不能将左脚完全着地，更不能忘记降低重心，多多练习即可。剑指上架时，需向头顶上方侧举，注意剑指高度，不能过低，在练习分解动作时需及时回头观察自己的动作，保证剑指高度。

（四）提膝下截

动作：左腿后撤屈膝，右腿向前伸直，脚尖微内扣，同时上身直立，左腿提起紧靠右侧大腿。右臂外旋，使剑从前外旋过身体右侧再后旋，同时上半身后仰（为往后旋的剑身让开空间）。右臂内旋，使剑身由后往左旋再前旋截出（图 4 - 70、图 4 - 71）。

图 4 - 70　　　　　　　　　　　　　图 4 - 71

要领：整个过程左手伸直成剑指，随身体运动沿"上→左→上"划弧形。

（五）提膝直刺

动作：右腿略屈膝，左脚向前落步，脚尖外撇，此时两腿成交叉步。右腿向身前屈膝提起，左腿伸直站立。右臂外旋使手心朝上，并在左脚落步的同时向上屈肘，将剑柄收抱于胸前，手心朝里，剑尖高与肩平；左手剑指随之落下，屈肘按于剑柄上。此时两腿已成交叉步，目视剑尖。右手持剑向前平直刺出，拇指一侧在上；同时左手剑指向后平伸指出，手心朝下。目视剑尖（图4-72、图4-73）。

图4-72

图4-73

（六）回身平崩

动作一：右脚向前落步，脚尖外撇；左脚前脚掌碾地使脚外转，屈膝略蹲，同时身体向右后转，成交叉步。右手持剑臂外旋使手心朝上，屈肘向胸前收回，剑身与右前臂成水平直线；左手剑指随之直臂上举，经左耳侧屈肘前落，附于右手心上面。目视剑尖（图4-74）。

图4-74

动作二：上身稍向右转，左腿挺膝伸直，右腿略屈膝。同时右手持剑使剑的前端用力向后平崩，手心仍朝上；左手剑指屈肘向额部左上方侧举。目视剑尖（图4-75）。

图 4 - 75

要领:收剑和平崩两个动作必须连贯起来做。平崩时,用力点在剑的前端;平崩后,上身向右拧转,但左脚不得移动。

易犯错误以及如何纠正:注意脚尖位置,动作一脚尖要外撇,动作二右腿略屈膝;注意剑法位置,左手手臂要经过耳朵落下,不能用耳朵贴近手臂,而是手臂向耳朵靠拢。

(七)歇步下劈

动作:右脚蹬地起跳,左脚向左跃步横跨一步,落地后两腿屈膝全蹲成歇步。同时右手持剑,先向上举起,向左下劈,左手剑指按于右手腕的上面,目视剑身(图 4 - 76、图 4 - 77)。

图 4 - 76　　　　　　　　　　图 4 - 77

要领:歇步要规范,应右腿跨过左腿,两腿交叉。

易犯错误及如何纠正:两腿屈膝成歇步,同时左手剑指按于右手腕的上面。

(八)提膝下点

动作:右手持剑先使手心朝下成平剑,然后以两脚的前脚掌碾地,身体向右后转动,两腿边转边站起来,右手持剑平绕一周。当剑绕至上身右侧时,上身稍向左后仰,同时剑身继续向外、向上弧形绕环,剑尖接近右耳侧;此时左手剑指离开右手腕向上屈肘侧举。目视前下方。上动不停,右腿伸直站立,左腿屈膝提起,上身向右侧下探俯。同时右手持剑向前下点击,拇指一侧在上。目视剑尖。上动不停,右腿伸直站立,左腿屈膝提起,上身向右侧下探俯(图4-78至图4-82)。

图4-78　　　　　　　　图4-79　　　　　　　　图4-80

图4-81　　　　　　　　图4-82

要领:仰身外绕剑与提膝下点两个动作必须连贯,同时完成。右腿独立时,膝部要挺直,左膝尽量上提。点剑时,右手腕要下屈,剑身、右臂、左臂和剑指要在同一个垂直面内。

易犯错误以及如何纠正错误:仰身外绕剑与提膝下点两个动作不连贯;提膝下点时,左膝提不高,右脚膝部未挺直,站不稳。仰身外绕剑时,下盘要保持稳定,右手持剑先使手心朝下成平剑,然后以两脚的前脚掌碾地,身体向右后转动,两腿边转边站起来,右手持剑平绕一周。提膝下点时,身体要保持平衡,右脚站立,右膝膝部挺直,左膝尽量提高,多加练习。

四、第三段

(一)并步直刺

动作:以右脚掌为轴碾地,使上身向左后转,左脚前落步,右脚随之跟进,两脚并在一起,双腿屈膝半蹲,右臂内旋并向拇指一侧屈腕,剑尖指向身前。左手剑指由上经右肩前绕环向正前方指出,手心向下,目视剑指。右手持剑向前平刺,剑刃向下,左手剑指附于右手腕处,目视剑尖(图4-83至图4-86)。

图4-83

图4-84

图4-85

图4-86

要领:注意转身的方向是向左后方转,转身时注意保持身体的稳定。

(二)弓步上挑

动作:右脚上步屈膝,左脚稍稍内旋,成右弓步。右手持剑直臂向上挑举,手心朝左,左手剑指保持不变(图4-87)。

图4-87

要领:做弓步时要注意左、右脚之间的距离(前后距离、左右距离);右手臂上举时手臂要伸直。

(三)歇步下劈

动作:右腿伸直,左脚向前上步,脚尖外撇,随之两腿交叉屈膝全蹲成歇步。右手持剑向前下劈,拇指一侧在上,剑尖与踝关节同高,左手剑指屈肘附于右手腕里侧,上身稍前俯,目视剑身(图4-88、图4-89)。

图4-88　　　　　　　　　　　　　　　图4-89

要领:劈剑与歇步同时完成,剑身与地面平行。

(四)右截腕

动作：两脚以前脚掌碾地，并且两腿稍伸直立起，使上身右转，右腿屈膝半蹲，左腿稍屈膝，左脚前脚掌虚着地面，成左虚步。右臂内旋使拇指一侧朝下，用剑的前端下刃向前上方划弧翻转，随着上身起立成虚步，右手持剑再向右后上方托起，左手剑指仍附于右手腕，两肘均微屈，目视剑的前端（图 4 - 90）。

图 4 - 90

要领：两腿虚实必分明，上身稍向前倾，剑身平横于右额前上方，剑尖稍高于剑柄。

(五)左截腕

动作：左脚向前上半步，上体左转，右脚上步成右虚步。右臂外旋，剑向左前翻转截剑。左手剑指屈肘向上侧举，目视右前方（图 4 - 91）。

图 4 - 91

要领：下盘从左虚步转为右虚步。截剑，剑身是平的。

（六）跃步上挑

动作：左脚经体前向前上一步，右脚随之屈腿。右臂外旋持剑向左曲摆，左手剑指附于右手腕上（图4-92、图4-93、图4-94）。

图4-92　　　　　　　　　　图4-93　　　　　　　　　　图4-94

要领：左脚经体前上步，而非经后边；剑指附在手腕上。

（七）仆步下压

动作：右膝伸直，直身立起，左腿屈膝提于身前。右手持剑使剑尖从头上经过，继而向身后、向右弧形平绕，当剑绕到右侧时，即屈肘将剑柄收抱于胸部前下方，手心朝上。左手剑指仍横举于左额前上方；上动不停，左手剑指经身前下落，按在右手腕上，左脚随之向左侧落步，屈膝全蹲，右腿在右侧平铺伸直，脚尖内扣，成右仆步。同时右手持剑用剑身平面向下带压，剑尖斜向右上方，上身前探，目光向右平视（图4-95、图4-96）。

图4-95　　　　　　　　　　图4-96

要领：仆步上身前探，挺胸，两肘略屈环抱于身前。

(八)提膝直刺

动作:两腿直立站起,左腿屈膝于身前,右腿挺直站立。右手持剑向身前平身直刺,拇指一侧在上,左手剑指屈肘在左侧上举,拇指一侧在下。目视剑尖(图 4－97)。

图 4－97

要领:右腿独立须站稳,上身稍右倾,右肩、右臂和剑身要成一直线,左臂屈成半圆形。

五、第四段

(一)弓步平劈

动作:右手持剑,由右方平剑举剑向上,身体左转 90°,向正前方劈剑,力达剑身。左腿随着身体左转下落成左弓步,左脚落地时剑在头顶正上方,左脚成弓步姿势时向前劈剑(图 4－98、图 4－99)。

图 4－98

图 4－99

要领:左弓步时脚尖向正前方,右脚全脚掌着地,且右脚尖稍向外摆,两脚横向距离

10~30厘米;左手在剑指向头顶时落在胸前,劈剑的同时向后画弧上举,注意一定要画弧运动,不能直接跳到对应的位置。

(二)回身后撩

动作:剑先由平剑下落到身体下方(右手下落),手心向身体内侧,之后由下方向右上方反撩剑(立剑剑尖向右上),力达剑尖,手心偏向上方。右脚向前上步,落至左脚前方,重心转移至右脚,左脚离地上举(图4-100、图4-101)。

图4-100   图4-101

要领:撩剑为反撩剑,即右手撩剑时向右上方,手背偏向下,手心偏向上方;左手始终不动,保持在左斜上方,注意剑指时刻不能放松。

(三)歇步上崩

动作:右脚蹬地,左脚向前跃步,身体随之向右后转;左脚落地,脚尖稍外撇,右腿摆向身后。在身体转动的同时,右手外旋,使拇指一侧朝上;左手剑指在身后平伸,手心朝下;目视剑尖。上动不停,右脚在身后落步,两腿均屈膝全蹲,左大腿盖在右大腿上,臀部坐在右小腿上,成歇步。同时,右手持剑直臂下压,手腕向拇指一侧上屈,使剑尖上崩;左手剑指随之屈肘,在头部左上方侧举,拇指一侧在下;目视剑身(图4-102、图4-103)。

图4-102   图4-103

要领:向前跃步、歇步和剑尖上崩三个动作要连贯协调。跃步要远,落地要轻。上崩时,腕部要猛然用力上屈,剑尖高与眉平。歇步时,上身前俯,胸须内含。注意眼睛随时在剑的方向。

上崩时,剑指在身后微弯,虎口朝下按压;歇步时,右脚在后,左脚在前全脚掌着地,右脚在后点地,身体稍向前倾,平衡受力。

(四)弓步斜削

动作:右手持剑臂外旋使手心朝上,在转身的同时,屈肘向左斜前收回;左手剑指随之从身前下落,按在剑柄上。上身向右前倾。目视前方。上动不停,右手持剑由后向前上方斜面弧形上削,手心斜向上方,手腕稍向左肋前收回;左手剑指伸向后方,拇指一侧在上。目视剑尖。左脚脚尖内扣,身体右转,右脚随之向前上步、屈膝,左腿在身后挺膝伸直,成右弓步(图 4 - 104、图 4 - 105)。

图 4 - 104　　　　　　　　　　　　　　　　　　图 4 - 105

要领:斜削时,右臂稍低于肩,剑尖斜向脸前右上方,略高于头;左臂在身后侧平举,剑指指尖略高于肩。

(五)进步左撩

动作:右手持剑,掌心向内经面前随转身向左划弧,剑至体前时,左手剑指附于右手腕里侧。目视剑尖。右手持剑反手向下、向前、向上继续划弧撩起,剑至前上方时,肘部略屈,拇指一侧在下,剑尖高与肩平;左手剑指随右手动作,仍附于右手腕上,立剑。目视剑尖。右腿伸直,上身向右转,左腿稍屈膝以右脚跟为轴碾地,脚尖外撇,身体向右后转,成虚步;左脚随之向前上步,以前脚掌虚着地面(图 4 - 106、图 4 - 107)。

图 4 - 106　　　　　　　　　　　　　　　　　　图 4 - 107

要领:弓步时,前后脚间隔四个半脚长,左右一肩宽。目视剑尖。

(六)进步右撩

动作:右手持剑直臂向上、向右后方划弧,左手剑指随势收于右肩前,手心朝左。目视剑尖。左脚踏实后以脚跟为轴碾地,脚尖外撇;右脚随之向左脚向上一步,前脚掌虚着地面。右手持剑由右向下、向前划弧抢臂撩起,剑至前方时,肘微屈,手心朝上,剑尖高与肩平;左手剑指随之由右肩前向下、向前、向后上方绕环,屈肘侧举于头部左上方。目视剑尖(图4-108、图4-109)。

图4-108　　　　　　　　　　　　　　　　图4-109

要领:弓步时,前后脚间隔四个半脚长,左右间隔一肩宽。目视剑尖。

(七)坐盘反撩

动作:在左脚插步的同时,右手持剑向上、向左、向下再向右上方反手绕环斜上撩,剑尖高过头顶;左手剑指随之经体前向下、向右上方划弧,屈肘横举于左耳侧,拇指一侧在下。上身向左前倾俯,目视剑尖;右脚踏实后向前一小步,随即左脚从右腿后向右侧插一步,脚背着地,两腿屈膝下坐,成坐盘势(图4-110、图4-111、图4-112)。

图4-110　　　　　　　　图4-111　　　　　　　　　　图4-112

要领:为了稳定,插步之前右脚需向前一小步。坐盘时,左腿盘坐地面,左脚背外侧着地;右腿盘坐于左腿之上,全脚掌着地,脚尖朝身前。

(八)转身云剑

动作:右手持剑随身体云剑一周后屈肘使剑平举,左手剑指附于右手腕处。左脚蹬地,两腿伸直站立,并以两脚的前脚掌碾地,使上身向左后转。身体重心落于右腿(图 4 - 113、图 4 - 114、图 4 - 115)。

图 4 - 113　　　　　　　　　图 4 - 114　　　　　　　　　图 4 - 115

要领:平举时,左手拇指一侧在下。

(九)收势

动作:收势前右手向下画圆,剑指举过头顶,左手握剑向下在身体一侧,头向左摆。收势时右手剑指下按,左、右手放下至身体两侧。收势前身体重心落于右脚,左脚成虚步;收势时虚步之后左脚上前,右脚跟上并步收于左脚旁(图 4 - 116、图 4 - 117、图 4 - 118)。

图 4 - 116　　　　　　　　　图 4 - 117　　　　　　　　　图 4 - 118

要领：收势时头要摆正，右手注意依然要保持剑指，双脚并拢。

（十）还原、敬礼

收势后还原、敬礼（图 4 - 119、图 4 - 120）。

　　　　　图 4 - 119

　　　　　图 4 - 120

第五章　射艺

第一节　射艺的起源与发展

弓箭是人类发展史上的重要创造。射箭活动贯穿于人类历史,世界上几乎找不到一个从未使用过弓箭的民族。恩格斯曾说过:"弓箭对于蒙昧时代,正如铁剑对于野蛮时代和火器对于文明时代一样,乃是决定性的武器。"

我国的文献资料中有很多关于弓箭起源的记载。《太平御览》中《古史考》记载:"柘树枝长而劲乌集之,将飞,柘起弹乌,乌乃号呼,此枝为弓,快而有力,因名也。"意思是说,柘桑的木质强劲坚韧,乌鸦停留在枝条上,当飞起时,枝条弹击乌鸦,使之鸣叫。古人由此受到启发,用柘木做弓,命名为"乌号"。

原始社会的人们把石片、骨或贝壳磨制成尖利的形状,安装在矢杆一端,即制成了石镞、骨镞或贝镞的矢。1963 年,在山西朔县峙峪村附近发现的旧石器时代晚期遗址里,发现了一枚石镞,经鉴定,距今已有 28900 年。

史前人类运用弓箭狩猎和防御,当时的弓箭为生产工具或战争武器。在距今 15000 年至 5000 年的岩画中,有大量关于射箭活动的记载。从记载中可以得知,弓箭在生产与战争中的地位一步步地得到巩固,并逐渐具备了初级的礼器功能。

三皇五帝时期,中国进入了农耕社会,农耕民族对狩猎的依赖越来越小,弓箭更多时候用于战争。由于食物的丰富,祭祀活动也更加频繁,弓箭作为礼器用于巫术性射礼。弓箭的工具属性、武器属性、礼器属性三大属性逐渐形成。

夏朝时期,弓箭已经作为常规武器装备军队,有专门的作坊批量制作。商代妇好墓出土的扳指显示,商代的弓箭以及相关护具制作已达到很高水平。殷商时期,射箭已进入官学,当时的贵族子弟在官府接受教育,射是重要学科。在殷商时期,弓箭被赋予通灵的特性,在巫术性射礼中可驱魔杀神,更有人持弓与天神争高下。

周代是中国弓箭文化大发展时期。弓箭的三大属性得以强化和提升,并在不同领域发挥着不同作用,也渗透到了日常生活习俗中。《礼记·射义》记载:"故男子生,桑弧蓬矢六,以射天地四方,天地四方者,男子之所有事也。"《仪礼·既夕礼》中记载了弓箭陪葬现象。在士人阶层,乡射礼是通向仕途的考试。士人阶层习射,又称文人之射和礼射,要求射者,进退周还,必中礼。"君子之争,观德之射""发而不中,反求诸己"等一系列观点将礼射与修德紧密结合在一起。

秦朝尚武,军队崇尚强弩文明,该时期射箭多存于军旅。汉承秦制,军中设有弩兵,后大力发展骑兵。由于常年对匈奴用兵,汉军骑射技艺高超,这也营造了民间习射的良好风气,造就了汉代射艺兴盛的局面。汉画像石(砖)中有大量描绘文人投壶、室内悬挂弓弩的画面。汉代军中出现了以弩射为主的秋射比赛,对士官进行考核,以成绩优劣施以赏罚,对参赛者进行选拔或罢免。

三国两晋南北朝时期,儒家提倡六艺之学,礼射传承主要集中在士大夫家族。将门多重视射箭技法,频繁的军事行动使军射备受关注。除此之外,娱乐性射箭在王公士族中流行,投壶之风盛行。

隋朝武功卓越,军射自是兴盛不衰。唐灭隋后,承袭其制,又增设武举,射箭成为人才选拔考量的标准之一。武举的设立不仅提升了武士习射水平,对文人习射也起到了很大的带动作用。文人习射使得唐代礼射兴盛,射礼活动持续不断,并影响到当时的日本和高丽王朝。

宋朝,国家用兵不断,武器制作水平持续上升,在弓箭技术研发方面达到了顶峰。民间习射活动十分普及,百姓为抵御外敌入侵而自发组成弓箭社,为国家提供了优质兵源。另外,宋朝设有弓箭手屯田制度,以授田方式招募戍边弓箭手,待遇优厚,一时间射箭成为诸多子民必备之技能。宋朝对先秦大射礼进行过复兴,名为"大射仪",具有礼仪教化的性质。宋为元所灭。因民间禁兵,在元朝,射箭活动仅存在于军队之中。

明朝初期,明太祖朱元璋倡导"文武兼备"的人才培养理念,主张"敬德尊礼"的社会管理制度,提倡文人习射。明代学校授以先秦六艺之学,设有射圃,用于习射与举行乡射礼,多地修有观德亭。明代文人习射尤以大儒王守仁(号阳明)为代表,王守仁善射,以射悟道,并作《观德亭记》,历代射家皆以此为内功心法。明代军队将领善射且著有射书,如高颖所著《武经射学正宗》,李呈芬所著《射经》等。明代民间习射十分盛行,明王朝重建礼制,大兴射礼。

清代统治者依靠"弓马得天下",建立王朝后推行"国语骑射",对军射大加推崇。清朝时期,弓箭不仅是考取功名的门径,也是强健体魄、娱乐交友的手段,促进了射箭活动在民间的普及与推广。史料显示,地方举办的乡射礼直到道光年间才停止。绵延不断的射礼活动也积极影响着民俗,有弓箭镇宅与弓箭镇棺的现象。1901 年,清军宣布弓箭退出军队,弓箭正式退出军事领域。

民国时期,射艺被列为"国术"的主要训练课程,各地成立骑射会,将骑射作为发扬国术的一种手段,以激励民风,塑勇武之志。1933 年和 1935 年两届全运会设有射箭比赛,射箭和弹弓都是当时国术的重要构成部分。民国时期,射艺在学术领域人才辈出,留下了许多著作,如张唯中所著所《弓箭学大纲》、唐豪所著《清代射艺丛书》等。

第二节　器材介绍

一、弓

传统弓从材质、形状、朝代等方面可分为以下几种:从材质方面可分为竹木弓、角弓、现代传统弓(包含玻片弓、层压弓),从朝代方面可划分为汉弓、唐弓、宋代小梢弓、清弓等。

传统弓的构造大致可分为:弓柄(弝),弝上有箭枕(滑翎);弓臂;弓梢,梢上有弓弭(驱);弓弦,有弦耳(扣)、护弦绳、箭口(图 5-1)。

二、箭

箭支由箭镞、箭杆、箭羽、箭筈四大部分构成(图 5-2)。三片箭羽中,与弦槽(箭筈)垂直的一片羽毛,被称为主羽。

射艺用的箭杆,一般用竹、木、碳素三种材质制作而成,平时习练可以碳素箭为主,比赛时一般要求使用竹箭或木箭。下面对竹箭(图 5-3)、木箭(图 5-4)、碳素箭(图 5-5)分别进行分析并综合对比。

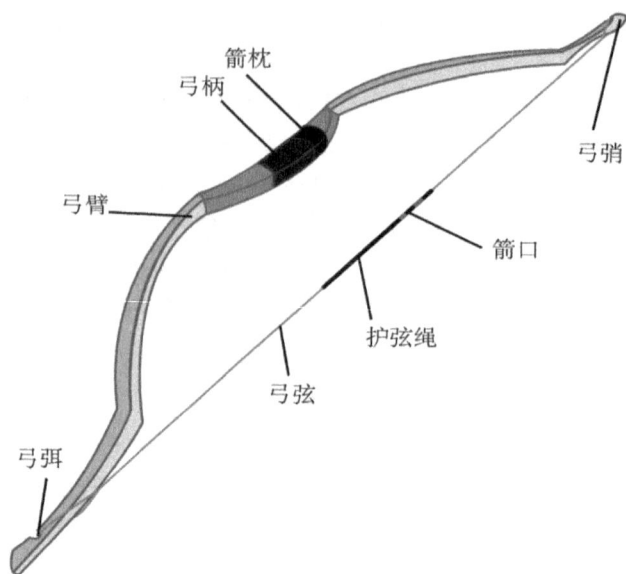

图 5 - 1

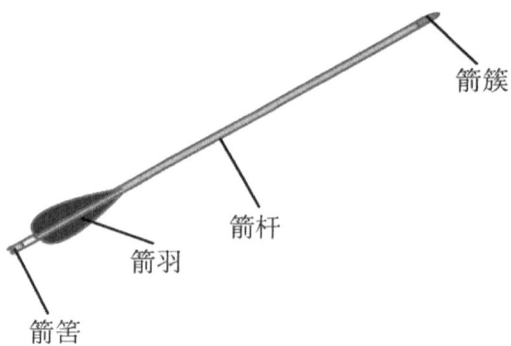

图 5 - 2

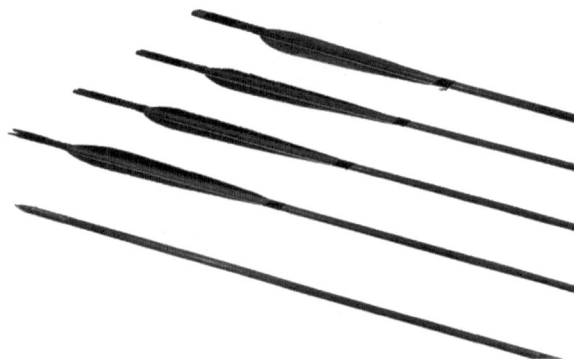

图 5 - 3

图 5 - 4

图 5 - 5

（一）竹箭

优点：耐撞性能较高。

缺点：①直度较差，易变形；②每支箭重量不统一；③每支箭重心不统一，不利于精准习射。

（二）木箭

优点：①直度较好；②每支箭重量较为统一；③每支箭重心较为相同，有利于精准习射。

缺点：耐撞性能较差，易损坏。

（三）碳素箭

优点：①直度好，不易变形；②每支箭的重量几乎相同；③挠度一致性高；④耐撞击；⑤每支箭重心相同，有利于精准习射；⑥成本较低。

缺点：①质量偏轻，不适宜大磅数弓练习；②不符合一些传统射箭比赛的规则。

综合对比分析而言，竹箭、木箭作为由天然材料制作而成的箭支，每支箭之间的一致性差异较难避免。特别是竹箭，几乎每支箭的每节之间的长度和直径都有所差异。在每支箭的重量、重心、挠度等各方面，碳素箭各种性能都要优于竹箭、木箭，更有利于精准度习射。

三、靶

靶按照使用性质可以分为环靶（图 5 - 6）、侯靶（图 5 - 7）和地方特色靶（如萨仁靶，图 5 - 8）等。

靶按照箭靶的材质，大致可分为草靶和化学材料靶两类。

草靶是指利用烘干的稻草制作而成的箭靶。比赛所用草靶尺寸一般是 1.2 米×1.2 米×0.2 米。

优点：成本低，质量重，不易被风吹动。

缺点：不宜携带、移动，遇水易霉变，不易拔箭。

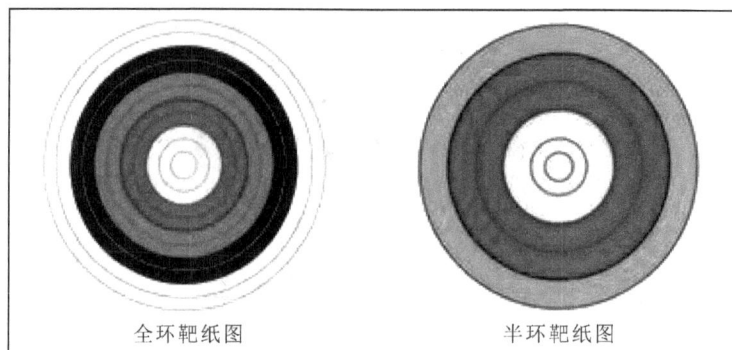

全环靶纸图　　　　　　　　　　半环靶纸图

图 5 - 6

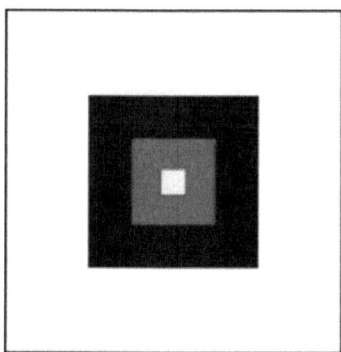

图 5 - 7

图 5 - 8

　　化学材料靶主要指由 EVA 和 XPE 等化学塑料材质做成的箭靶。XPE 即化学交联聚乙烯发泡材料,是用低密度聚乙烯树脂加交联剂和发泡剂经过高温连续发泡而成,与 EPE(俗称珍珠棉)相比,其抗拉程度更高,泡孔更细。

　　优点:重量较轻,易于携带、移动,防水性能好,柔韧性好,恢复性强。

　　缺点:防风效果差,易穿透。

四、扳指

　　扳指主要是用于保护后手钩弦的拇指,其形状、材质繁多。从软硬度划分,扳指可分为"硬扳""皮扳"。从形制上划分,硬扳又可分为"筒扳""坡板";从材质上划分,硬扳又有玉质、铜质、银质、树脂、牛角等多种材质。而皮扳指一般采用牛皮制作而成(图5-9)。

皮扳指　　　　　　　　　　　　木质筒扳

铜扳指　　　　　　　牛角扳指　　　　　　　鹿角扳指

图5-9

五、护臂

护臂是防止弓弦打手臂的器具。常用的护臂有两种:一种由皮革制成,一种由塑料制成。两者相比而言,各有优缺点。前者柔韧度较高,防护面积较大,但皮革较厚,易松散,不透气;后者固定性较强,紧贴持弓臂皮肤,但防护面积相对较小,质感较差(图5-10)。

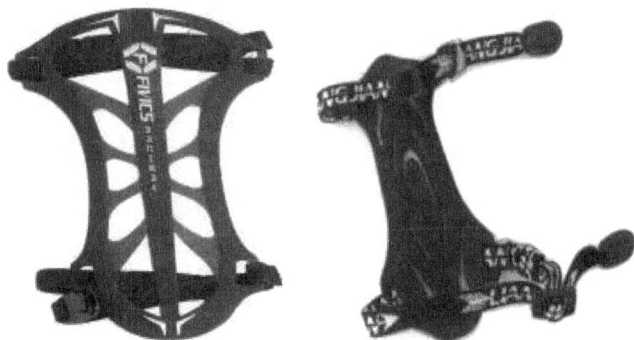

硬质塑料护臂

图5-10

六、虎口护手

虎口护手指起到保护持弓手虎口位置的护具,一般采用人工皮革制成二指的佩戴形状。其佩戴在持弓手虎口处,防止撒放时箭羽划伤虎口皮肤(图5-11)。

图 5-11

第三节　射艺的基本技术

一、上、下弓弦

(一)上弓弦

(1)辨认弓与弦的上下端:有滑翎的一端为上弓臂;对折弓弦,护弦绳较长的一端为上弓弦。上弓弦对应上弓臂,将弦扣套入弓驱(图 5-12、图 5-13)。

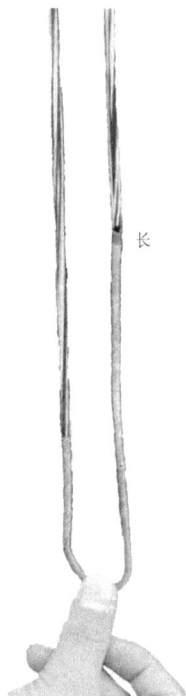

长

图 5-12

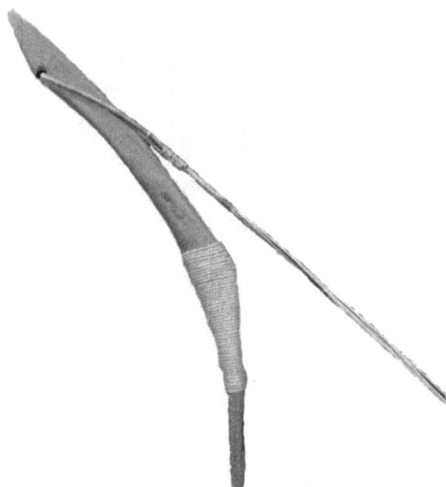

图 5-13

（2）两脚开立，将套好的一侧弓弰贴到右脚踝处。这个过程中注意保持弓弦张力，防止弦扣从弓驱中脱落。右手执弦，左手握住弓弰与弓臂的结合部位（图 5-14）。

（3）左腿跨过弓，用大腿抵住弓弝（图 5-15）。

图 5-14 图 5-15

（4）左手推弓，利用转腰的力量向前带动弓弰，将弓弦套入弓驱（图 5-16）。

（5）右手拉动弓弦，使弓弦受力均匀（图 5-17）。

（6）身体直立，完成上弓弦动作（图 5-18）。

图 5-16 图 5-17 图 5-18

（二）下弓弦

（1）将一端弓弰贴到右脚踝处（图 5-19）。

（2）左脚跨入弓，用大腿抵住弓弝（图 5-20）。

（3）左手推弓弰，利用转腰的力量向前带动弓弰，令弓弦松弛，从弓驱中取出弦扣（图 5-21）。

　　　图 5 - 19　　　　　　　　图 5 - 20　　　　　　　　图 5 - 21

　　（4）向后转腰，使弓身缓慢放松，防止其滑脱打中右脚踝（图 5 - 22）。

　　（5）身体直立，完成下弓弦动作（图 5 - 23）。

　　　　图 5 - 22　　　　　　　　　　　　　图 5 - 23

（三）上、下弓弦的注意事项

　　（1）上、下弓弦时周围不要站人，以免滑脱伤人。

　　（2）平时装弓的套子叫作弓弢。射箭时，可将弓弢系在腰上，用来携带箭支。下弓弦之后，将弓弦绕在弓上，把写有磅数的一端朝上装入弓弢，便于下次取弓时检查弓的磅数。

二、射艺的基本动作与要领

（一）两脚跨立起射线

　　在听到口令后，上射位。两脚开立与肩同宽，跨于起射线两侧，呈藏弓态。调整呼吸，放松两肩，身体中正，并微微前倾，与地面垂线夹角不超过 5°。将重心落于前脚掌，感受重心下沉，体会"立足千斤之重"（图 5 - 24）。

图 5 - 24

(二)胸前垂直搭箭

前手举弓至胸前，弓弦与地面垂直，后手从箭杆后 1/3 处取箭(图 5 - 25)。

后手将箭杆递入前手，前手用食指和中指夹住箭杆。后手沿箭杆捋顺箭羽，并令主羽朝外。这个过程中应检查箭杆有无损伤，箭羽、箭尾是否完整(图 5 - 26)。

图 5 - 25

图 5 - 26

后手向前推送箭杆，当箭尾刚过弓弦时，后手手指捏住箭尾回带，将弓弦卡入箭筈。初学时，搭箭点的高度为:箭尾在箭杆与弓弦垂直的基础上，再往上调约一个箭尾直径的高度(图 5 - 27)。

　　搭好箭以后,后手变为大拇指勾弦。大拇指从箭杆下方穿过,与弓弦接触的部位在指节与指根之间;食指压在拇指上,形成凤眼,食指指尖应在弓弦的外侧;后三指自然放松。

　　后手内旋,用食指将箭杆压在弓上,防止箭在后面的动作过程中掉落。内旋力不宜过大,以致箭杆弯曲,保证箭不掉落即可(图5-28)。

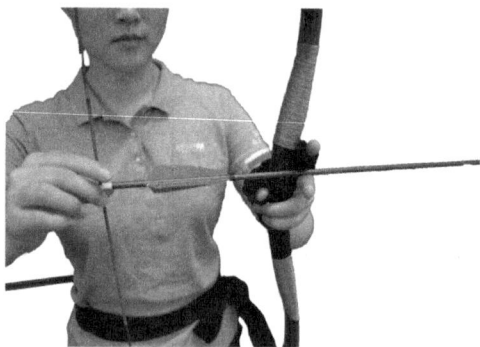

图5-27

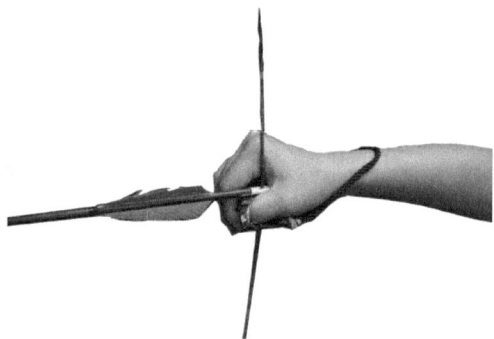

图5-28

(三)静立

　　两手自然下落,令箭杆与地面约成45°夹角。前手推弓,后手内旋扣箭。保持身体中正,调整呼吸,静心(图5-29)。

(四)转头审靶

　　目视靶心,只转头不转身。身体中轴保持正直,不可歪头、耸肩、扭腰、斜胯。调整呼吸,心无杂念(图5-30)。

图5-29

图5-30

(五)起弓

　　两臂匀速上抬,保持箭杆与地面平行。举弓高度大约为双手齐眉,后手手臂贴额角。起弓时,始终保持身体正直,两肩放松下沉,切勿耸肩;弓可以稍拉开到一定程度,也称为预拉。

　　前手推弓,主要是大鱼际与弓弝接触。每次推弓的位置要保持一致。持弓手主要依靠推力来将弓定住,手指放松,不可过度用力地抓握弓弝(图5-31)。

图 5 - 31

(六)引弓瞄准

开弓主要依靠的是肩背力量,而不是手臂力量,表现为两肩胛骨向脊柱靠拢。在开弓的过程中,前推主要靠骨骼支撑,而后拉主要靠肌肉牵引,前推后拉的力要均匀,保持身体的中轴线不变。

开弓要力雄而引满(开要安详大雅)。每次开弓的靠位需要固定一致(口衔翎花耳听弦)。只有每次的靠位保持一致,才可能保证出箭的一致性。靠位不一致,会导致拉距不固定,以致每次出箭的初速度不一致(图 5 - 32,图 5 - 33)。

图 5 - 32

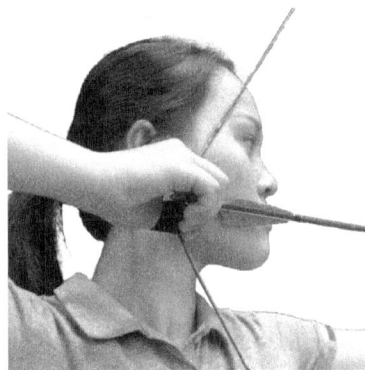

图 5 - 33

直线用力是射箭运动的基本用力形式。开弓之后,后手肘关节、勾弦点、箭杆、推弓点位于同一条直线。

瞄准时,双眼聚焦于靶心。此时视野中可以看到两个虚的弓,透过虚的弓可以看到实的靶面。把虚的弓臂作为参照,将某点选作瞄准点,对准靶心。瞄点可通过多支箭的练习逐步找到。

(七)撒放与动作暂留

瞄准完成后,需要保持动作稳定,通常两到三秒左右,然后再撒放。不要刚把瞄点对准靶心就撒放。

撒放时,前臂持续向前用力推,后手大拇指和食指自然松开。撒放动作是由身体的扩张力主导完成的。前后手的动作要协调一致,后手撒而前手不知。前手推弓点的用力方向对于箭的运动轨迹有重要影响,所谓"不知"是指在持续向前用力。

撒放后,为保证箭的运动轨迹不受影响,需要保持撒放后的用力和姿势不变,目送箭至靶心。身体用力不能马上停顿,需要保持对称用力的平衡状态一到两秒(图5-34)。

图 5-34

(八)敛弓收势

双脚并拢,或藏弓态(图5-35)。

图 5-35

第六章 健身气功·八段锦

第一节 健身气功·八段锦基本常识

一、健身气功·八段锦功法源流

八段锦的"八"字,不是单指段、节和八个动作,而是表示其功法有多种要素,相互制约,相互联系,循环运转。正如明朝高濂在其所著《遵生八笺》"八段锦导引法"中所讲:"子后午前做,造化合乾坤。循环次第转,八卦是良因。""锦"字,是由"金""帛"组成,以表示其精美华贵。除此之外,"锦"字还可理解为单个导引术式的汇集,如丝锦那样连绵不断,是一套完整的健身方法。

八段锦之名,最早出现在宋朝洪迈所著《夷坚志》中:"政和七年,李似矩为起居郎……尝以夜半时起坐,嘘吸按摩,行所谓八段锦者。"说明八段锦在宋朝已流传于世,并有坐势和立势之分。

由于立势八段锦更便于习练,流传甚广,"健身气功·八段锦"以立势八段锦为蓝本,进行挖掘整理和编创,因此,本章重点对立势八段锦的源流进行分析介绍。

立势八段锦在养生文献上首见于南宋曾慥著《道枢·众妙篇》:"仰掌上举以治三焦者也;左肝右肺如射雕焉;东西独托,所以安其脾胃矣;返复而顾,所以理其伤劳矣;大小朝天,所以通其五脏矣;咽津补气,左右挑其手;摆鳝之尾,所以祛心之疾矣;左右手以攀其足,所以治其腰矣。"但这一时期的八段锦没有定名,其文字也尚未歌诀化。之后,在南宋陈元靓所编《事林广记·修真秘旨》中才定名为"吕真人安乐法",其文已歌诀化:"昂首仰托顺三焦,左肝右肺如射雕;东脾单托兼西胃,五劳回顾七伤调;鳝鱼摆尾通心气,两手搬脚定于腰;大小朝天安五脏,漱津咽纳指双挑。"明清时期,立势八段锦有了很大发展,并得到了广泛传播。清末《新出保身图说·八段锦》首次以"八段锦"为名,并绘有图像,形成了较完整的动作套路。其歌诀为:"两手托天理三焦,左右开弓似射雕;调理脾胃须单举,五劳七伤往后瞧;摇头摆尾去心火,背后七颠百病消;攒拳怒目增气力,两手攀足固肾腰。"从此,传统八段锦动作被固定下来。

八段锦在流传中出现了许多流派。例如,清朝山阴娄杰述八段锦立功,其歌诀为:"手把碧天擎,雕弓左右鸣;鼎凭单臂举,剑向半肩横;擒纵如猿捷,威严似虎猛;更同飞燕急,立马告功成。"另外,还有《易筋经外经图说·外壮练力奇验图》(清·佚名)、《八段锦体操图(12式)》等。这类八段锦都出于释门,僧人将其作为健身养生的方法和武术基本功来练习。

总的来看,八段锦在发展与传播中被分为南、北两派。行功时动作柔和,多采用站势动作的,被称为南派,伪托梁世昌所传;动作多马步,以刚为主的,被称为北派,附会为岳飞所传。从文献和动作上考察,不论是南派还是北派,都同出一源。其中,附会的传人无文字可考证。

八段锦究竟为何人、何时所创,尚无定论。但从湖南长沙马王堆三号墓出土的《导引图》可以看到,至少有 4 幅图势与八段锦图势中的"调理脾胃须单举""两手攀足固肾腰""左右开弓似射雕""背后七颠百病消"相似。另外,从南北朝时期陶弘景所辑录的《养性延命录》中也可以看到类似的动作图势。例如,"狼距鸱顾,左右自摇曳"与"五劳七伤往后瞧"动作相似;"顿踵三还"与"背后七颠百病消"动作相似;"左右挽弓势"与"左右开弓似射雕"动作基本相同;"左右单托天势"与"调理脾胃须单举"动作基本相同;"两手前筑势"与"攒拳怒目增气力"动作基本相同。这些都说明八段锦与《导引图》和《养性延命录》有一定联系。

新中国成立后,党和政府对民族传统体育项目非常重视。20世纪50年代后期,人民体育出版社先后出版了唐豪、马凤阁等人编著的《八段锦》,后又组织编写小组对传统八段锦进行了挖掘整理。由于政府的重视,习练八段锦的群众逐年增多。20世纪70年代末80年代初,八段锦作为民族传统体育项目开始进入我国大专院校课程之中。这些都极大地促进了八段锦理论的发展,丰富了八段锦的内涵。

通过对大量文献史料的查阅、考证,形成以下基本认识:

(1)传统八段锦流传年代应早于宋代,在明清时期有了较大发展。

(2)传统八段锦创编人尚无定论,可以说八段锦是历代养生家和习练者共同创造的知识财富。

(3)清末以前的八段锦主要是一种以肢体运动为主的导引术。

(4)八段锦无论是南派、北派或是文武不同练法,都同出一源,在流传中相互渗透,逐渐趋向一致。

二、健身气功·八段锦功法特点

健身气功·八段锦的运动强度和动作的编排次序符合运动学和生理学规律,属于有氧健身运动,安全可靠。整套功法增加了预备势和收势,使套路更加完整规范。功法动作特点主要体现在以下几个方面。

(一)柔和缓慢,圆活连贯

柔和,是指习练时动作不僵不拘,轻松自如,舒展大方。缓慢,是指习练时身体重心平稳,虚实分明,轻飘徐缓。圆活,是指动作路线带有弧形,不起棱角,不直来直往,符合人体各关节自然弯曲的状态。它是以腰脊为轴带动四肢运动,上下相随,节节贯穿。连贯,是要求动作的虚实变化和姿势的转换衔接,无停顿断续之处。总之,既像行云流水连绵不断,又如春蚕吐丝相连无间,使人神清气爽,体态安详,从而达到疏通经络、畅通气血和强身健体的效果。

(二)松紧结合,动静相兼

松,是指习练时肌肉、关节以及中枢神经系统、内脏器官的放松。在意识的主动支配下,逐步达到呼吸柔和、心静体松,同时松而不懈,保持正确的姿态,并将这种放松程度不断加深。紧,是指习练中适当用力,且缓慢进行,主要体现在前一动作的结束与下一动作的开始之前。"健身气功·八段锦"中的"两手托天理三焦"的上托、"左右开弓似射雕"的马步拉弓、"调理脾胃须单举"的上举、"五劳七伤往后瞧"的转头旋臂、"攒拳怒目增气力"的冲拳与抓握、"背后七颠百病消"的脚趾抓地与提肛等,都体现了这一点。紧,在动作中只在一瞬间,而放松须贯穿动作的始终。松紧配合适度,有助于平衡阴阳、疏通经络、分解黏滞、滑利关节、活血化瘀、强筋壮骨、增强体质。

本功法中的动与静主要是指身体动作的外在表现。动,就是在意念的引导下,动作轻灵活泼、节节贯穿、舒适自然。静,是指在动作的节分处做到沉稳,特别是在动作的缓慢用力之处,在外观上看略有停顿之感，但内劲没有停，肌肉继续用力，保持牵引伸拉。适当的用力和延长作用时间，能够使相应的部位受到一定的强度刺激，有助于提高锻炼效果。

（三）神与形合，气寓其中

神，是指人体的精神状态和正常的意识活动，以及在意识支配下的形体表现。"神为形之主，形乃神之宅。"神与形是相互依存、相互促进的整体。本功法每式动作以及动作之间充满了对称与和谐，体现出内实精神、外示安逸，虚实相生、刚柔相济，做到了意动形随、神形兼备。

气寓其中，是指通过精神的修养和形体的锻炼，促进真气在体内的运行，以达到强身健体的功效。习练本功法时，呼吸应顺畅，不可强吸硬呼。

三、健身气功·八段锦习练要领

（一）松静自然

松静自然，是练功的基本要领，也是最根本的法则。松，是指精神与形体两方面的放松。精神的放松，主要是解除心理和生理上的紧张状态；形体的放松，是指关节、肌肉及脏腑的放松。放松是由内到外、由浅到深的锻炼过程，使形体、呼吸、意念轻松舒适无紧张之感。静，是指思想和情绪要平稳安宁，排除一切杂念。放松与入静是相辅相成的，入静可以促进放松，而放松又有助于入静，二者缺一不可。

自然，是指形体、呼吸、意念都要顺其自然。具体来说，形体自然，要合于法，一动一势要准确规范；呼吸自然，要莫忘莫助，不能强吸硬呼；意念自然，要"似守非守，绵绵若存"，过于用意会造成气滞血淤，导致精神紧张。需要指出的是，这里的"自然"决不能理解为"听其自然""任其自然"，而是指"道法自然"，需要习练者在练功过程中仔细体会，逐步把握。

（二）准确灵活

准确，主要是指练功时的姿势与方法要正确，合乎规格。在学习初始阶段，基本身形的锻炼最为重要。本功法的基本身形，通过功法的预备势进行站桩锻炼即可，站桩的时间和强度可根据不同人群的不同健康状况灵活掌握。在锻炼身形时，要认真体会身体各部位的要求和要领，克服关节肌肉的酸痛等不良反应，为放松入静创造良好条件，为学习掌握动作打好基础。在学习各式动作时，要对动作的路线、方位、角度、虚实、松紧分辨清楚，做到姿势工整，方法正确。

灵活，是指习练时对动作幅度的大小、姿势的高低、用力的大小、习练的数量、意念的运用、呼吸的调整等，都要根据自身情况灵活掌握，特别是对老年人群和体弱者，更要注意。

（三）练养相兼

练，是指形体运动、呼吸调整与心理调节有机结合的锻炼过程。养，是通过上述练习，身体出现的轻松舒适、呼吸柔和、意守绵绵的静养状态。习练本功法，在力求动作姿势工整、方法准确的同时，要根据自己的身体情况，调整好姿势的高低和用力的大小，对有难度的动作，一时做不好的，可逐步完成。对于呼吸的调节，可在学习动作期间采取自然呼吸，待动作熟练后再结合动作的升降、开合与自己的呼吸频率有意识地进行锻炼，最后达到"不调而自调"的效果。对于意念的把握，在初学阶段重点应放在注意动作的规格和要点上，动作熟练后要遵循"似守非守、绵绵若存"的原则进行练习。

练与养，是相互并存的，不可截然分开，应做到"练中有养""养中有练"。特别要合理安排练习的时间、数量，把握好强度，处理好"意""气""形"三者的关系。从广义上讲，练养相兼与日常生活也有着密切的关系。能做到"饮食有节、起居有常",保持积极向上的乐观情绪,将有助于提高练功效果,增进身心健康。

(四)循序渐进

健身气功·八段锦对于初学者来说有一定的学习难度和运动强度,因此,在初学阶段,习练者首先要克服由于练功而给身体带来的不适,如肌肉关节酸痛、动作僵硬、紧张、手脚配合不协调、顾此失彼等。只有经过一段时间和一定数量的习练,才会做到姿势逐渐工整,方法逐步准确,动作的连贯性与控制能力得到提高,对动作要领的体会不断加深,对动作细节更加注意,等等。

在初学阶段,本功法要求习练者采取自然呼吸方法。待动作熟练后,逐步对呼吸提出要求,习练者可采用练功时的常用方法——腹式呼吸。在掌握呼吸方法后,开始注意同动作进行配合。这其中也存在适应和锻炼的过程,不可急于求成。最后,逐渐达到动作、呼吸、意念的有机结合。

由于练功者体质状况及对功法的掌握与习练上存在差异,其练功效果不尽相同。良好的练功效果是在科学练功方法的指导下,随着时间和习练数量的积累而逐步达到的。因此,习练者不要"三天打鱼,两天晒网",应持之以恒,循序渐进,合理安排好运动量。

第二节 健身气功·八段锦动作说明

一、手型、步型

(一)基本手型

1. 拳(握固)

大拇指抵掐无名指根节内侧,其余四指屈拢收于掌心即握固(图6-1)。

图6-1

2. 掌

掌一:五指微屈,稍分开,掌心微含(图6-2)。

图6-2

掌二:拇指与食指竖直分开呈八字状,其余三指第一、二指节屈收,掌心微含(即八字掌)(图6-3)。

(a)正　　　　　　　　　　　　　　　(b)侧

图6-3

3．爪

五指并拢,大拇指第一指节,其余四指第一、二指节屈收扣紧,手腕伸直(图6-4)。

图6-4

(二)基本步型——马步

开步站立,两脚间距为本人脚长的2～3倍,屈膝半蹲,大腿略高于水平(图6-5)。

(a)正　　　　　　　　　　　　　　　(b)侧

图6-5

二、动作图解

(一)预备势(共四动)

1．动作

动作一:两脚并步站立;头后顶上领,颈部竖直,齿唇轻闭,舌尖轻贴上腭,眉宇间和嘴角放松；两臂自然垂于体侧，沉肩垂肘，松腕舒指，中指腹轻贴裤线；腋下虚掩，胸部自然舒展，腹部放松；目视前方（图6-6）。

动作二：随着松腰沉髋，身体重心移至右腿；左脚向左侧开步，脚尖朝前，约与肩同宽，继而重心平移至两腿之间；目视前方（图6-7）。

　　　　　　　　　　　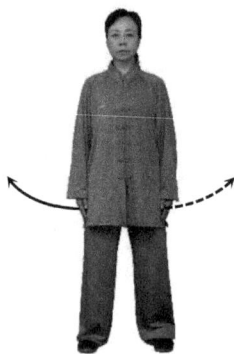

　　　　　图6-6　　　　　　　　　　　　　　　　　图6-7

动作三：两臂内旋，两掌分别向两侧摆起，手臂与身体的角度约45°，与髋同高，掌心朝后；目视前方（图6-8）。

动作四：上动不停，身体重心垂直下降，两腿膝关节弯曲；同时，两臂外旋，两掌向前合抱至斜前方45°后，再屈肘、屈腕呈抱球状，掌心朝内，与脐同高，两掌指尖相对，间距约10厘米；目视前方（图6-9）。

　　　　　图6-8　　　　　　　　　　　　　　　　　图6-9

2. 技术要点

（1）保持头后顶上领，立身中正，收髋敛臀打开命门。

（2）抱球时腋下悬开，两臂掤圆，两掌微张，背向后倚，开启云门穴。

3. 呼吸方法

动作一、动作二自然呼吸，动作三吸气，动作四呼气。抱球后调息3次。

4. 意念活动

(1)意念基本姿态与周身放松。

(2)动作四意守丹田。

(3)目视前方时精神内敛,神不外驰。

5. 易犯错误与纠正方法

(1)呈抱球势时拇指上翘,其余四指朝向地面。注意沉肩坠肘,指尖相对,拇指放平。

(2)塌腰、跪膝、八字脚。注意松腰敛臀,膝关节不能前顶,膝盖不超越脚背,脚尖朝前,平行站立。

6. 功理与作用

端正身型,调匀呼吸,宁神静气,启动气机,培育元气,使习练者进入练功状态。

(二)第一式:两手托天理三焦(共六动)

1. 动作

动作一:接预备势。两臂外旋下落于小腹前,掌心朝上,掌指尖相距约 10 厘米,小指侧离小腹部约 10 厘米;目视前方(图 6 - 10)。

动作二:上动不停,两掌五指分开在小腹前交叉;目视前方(图 6 - 11)。

动作三:上动不停,身体重心徐缓升起;同时,两臂屈肘,两掌垂直向上抬至胸前,掌心朝上;目视前方(图 6 - 12)。

图 6 - 10　　　　　　　　　图 6 - 11　　　　　　　　　图 6 - 12

动作四:上动不停,两腿徐缓挺膝伸直;同时,两臂内旋,两掌向上托起,肘关节微屈,掌心朝上;抬头,目视两掌(图 6 - 13)。

动作五:上动不停,两掌继续上托,肘关节伸直;同时,下颌内收;动作略停,两臂保持伸拉;目视前方(图 6 - 14)。

动作六:身体重心缓慢下降,两腿膝关节弯曲;同时,十指慢慢分开,两臂分别向身体两侧下落至斜下方 45°时再屈肘,两掌捧于腹前,掌心朝上,掌指相距约 10 厘米;目视前方(图 6 - 15)。

　　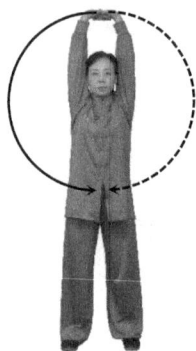　　

图 6 - 13　　　　　　　　图 6 - 14　　　　　　　　图 6 - 15

本式托举、下落为一遍,共做六遍。

2. **技术要点**

(1)两掌上托时,舒胸展体,上下对拔拉长,节节抻开,脚趾抓地。

(2)两掌下落时,松腰沉胯,沉肩坠肘,松腕舒指,上体中正。

3. **呼吸方法**

动作一、动作二自然呼吸;动作三、动作四吸气;动作五停闭呼吸;动作六呼气。

4. **意念活动**

意念顶天立地、三焦通畅。

5. **易犯错误与纠正方法**

(1)两掌上托至胸前时,耸肩,前臂不平。注意沉肩、两掌带动前臂上抬。

(2)动作四,抬头不充分;动作四与动作五的衔接有停顿、断劲。注意两掌翻转上托时要眼随手动,下颏先向上助力,给大椎穴适当地刺激,再收下颏配合两掌继续上托,至肘关节伸直,力在掌根,意气达于掌指。

6. **功理与作用**

(1)本式通过四肢、躯干的伸展抻拉,并配合调息,有利于元气、水液在全身的布散与气机的升降,可调理三焦,畅通任、督二脉和手足三阴三阳经及脊柱相应节段;同时,可扩张胸廓,使腹腔、盆腔脏器受到牵拉、按摩,促进气血运行,提高脏腑机能。

(2)对防治肩部疾患,预防颈椎病具有良好作用。

(三)第二式:左右开弓似射雕(共五动)

1. **动作**

动作一:身体重心右移,松腰沉胯,左脚向左开步站立,两腿膝关节自然伸直;同时,肩部放松,两掌向上随两臂屈肘交叉搭腕于胸前,掌根约与膻中穴同高,左掌在外,两掌心朝内;目视前方(图 6 - 16)。

动作二:两臂沉肘稍回收,同时,右掌屈指成爪,左臂内旋坐腕成八字掌,掌心斜朝前,指尖朝上;目视前方(图 6 - 17)。

　　动作三：上动不停，两腿徐缓屈膝成马步；同时，左掌向左侧推出，腕与肩平，指尖朝上，右爪向右平拉至肩前，犹如拉弓射箭之势，保持伸拉；目视推掌方向（图6-18）。

图6-16　　　　　　　　　　　　图6-17　　　　　　　　　　　　图6-18

　　动作四：身体重心右移，左腿膝关节略伸直；同时，右手指伸开成自然掌，向上、向右划弧，腕与肩同高，掌心斜朝前，指尖朝上，左手指伸开成自然掌，掌心斜朝前；目视右掌（图6-19）。

　　动作五：上动不停，重心继续右移，左脚收回成并步站立；同时，两掌分别由两侧下落，屈肘，捧于小腹前，掌心朝上，指尖相对，间距约10厘米；目视前方（图6-20）。

图6-19　　　　　　　　　　　　　　　图6-20

　　右式动作同左式动作，唯左右相反（图6-21至图6-25）。

图6-21　　　　　　　　　　　　图6-22　　　　　　　　　　　　图6-23

图 6 - 24　　　　　　　　　　　图 6 - 25　　　　　　　　　图 6 - 26

本式一左一右为一遍,共做三遍。

第三遍最后一动时,重心继续左移,右脚收回成开步站立,与肩同宽,膝关节弯曲;同时,两掌分别由两侧下落,屈肘,捧于小腹前,掌心朝上,指尖相对,间距约 10 厘米;目视前方(图 6 - 26)。

2. 技术要点

(1)拉弓时,注意手型变换,劲由脊发,转头要充分,两臂对拉保持一条直线。

(2)马步屈蹲,膝盖不超过脚尖。

(3)保持立身中正。

3. 呼吸方法

动作一、动作二、动作四吸气,动作三、动作五呼气,在动作三即将形成定势前开始停闭呼吸至定势结束。

4. 意念活动

动作三拉弓时意念在夹脊,定势时意念在食指指尖。

5. 易犯错误与纠正方法

(1)颈项不直,转头不充分。注意下颌内收,头转至鼻尖正对八字掌食指。

(2)拉弓定势时耸肩,推掌时直肘、直腕。注意沉肩坠肘、坐腕翘指。

(3)马步跪膝,重心偏移。注意膝盖不超过脚尖,垂直下坐,重心落于两腿中间。

6. 功理与作用

(1)左右开弓时,利于扩大胸腔,增大肺通气量、回心血量和打开上焦;通过八字掌坐腕翘指、爪置于肩前云门处,可有效刺激手太阴肺经、手阳明大肠经,对于改善微循环、增大肺活量、提高心肺功能及指关节灵活性具有促进作用。

(2)下蹲成马步时,可加强股四头肌、小腿后侧肌群等肌肉收缩,能有效发展下肢力量,促进血液回流。

(3)扩胸展肩、转头,可加强颈椎、胸椎的运动,纠正局部小关节的异常位置,调节颈、肩、胸、背部肌肉平衡,有利于矫正驼背等不良体态,防治颈椎病、肩周炎等疾患。

(四)第三式:调理脾胃须单举(共四动)

1. 动作

动作一:身体重心稍升起;同时,左臂内旋上抬,左掌与胸同高,掌心朝内,指尖斜朝上;右臂内旋,右掌心对腹部,指尖斜朝下;目视前方(图6-27)。

动作二:上动不停,左臂继续内旋上举,左掌翻转上托至头左上方,肘关节微屈,力达掌根,掌心斜朝上,指尖朝右,中指尖与肩井穴在同一垂直线上;同时,右臂继续内旋,右掌下按至右胯旁约10厘米处,肘关节微屈,力达掌根,掌心朝下,掌指朝前;动作略停,保持伸拉;目视前方(图6-28)。

图6-27

图6-28

动作三:松腰沉胯,身体重心缓缓下降;两腿膝关节稍屈;同时,左肩下沉,左臂屈肘外旋下落,左掌与胸同高,掌心朝内,掌指斜朝上;右臂外旋,右掌收至腹前,掌心朝内,指尖斜朝下;目视前方(图6-29)。

动作四:上动不停,身体重心继续下降,两腿膝关节弯曲;同时,两臂外旋下落,两掌捧于小腹前,掌心朝上,掌指尖相对,间距约10厘米;目视前方(图6-30)。

图6-29

图6-30

右式动作同左式动作,唯左右相反(图6-31、图6-32)。

本式一左一右为一遍,共做三遍。

第三遍最后一动时,右臂外旋,右掌指尖转向后;身体重心下降,两腿膝关节弯曲;同时,右掌向前下落,按于胯旁约10厘米处,掌心朝下,掌指朝前,左掌微前移,两肘微屈;目视前方(图6-33)。

图 6-31　　　　　　　　　　　图 6-32　　　　　　　　　　　图 6-33

2．技术要点

(1)动作一中,左掌斜向上约 45°,右掌斜向下约 45°。

(2)两掌上撑下按时,力在掌根,肘关节微屈,伸拉胁肋部,大脚趾有意下压,舒胸展体、拔长腰脊,有上擎天、下挂地、顶天立地之感。

(3)上举掌下落时,要经上举路线原路返回。

3．呼吸方法

动作一、动作二吸气,动作三、动作四呼气,在动作二即将形成定势前开始停闭呼吸至定势结束。

4．意念活动

(1)两掌捧于小腹前时意念丹田。

(2)动作二成定势时意念上手擎天、下手挂地,升清降浊,调理脾胃。

5．易犯错误与纠正方法

(1)动作一,两臂抬肘,掌指横置于胸腹前。注意沉肘,使前臂和掌约成 45°,如怀抱婴儿状。

(2)两掌上举下按时,配合不协调。上举手路线较长,注意下按手动作需稍缓慢,使两掌同时到位。

(3)上臂下落时路线错误。注意下落时要沉肩、坠肘、旋臂,带动右掌按上举路线返回。

6．功理与作用

(1)上举下按成定势时,大脚趾有意下压,可刺激足太阴脾经的隐白等穴位;伸拉、挤压两胁与中脘,可刺激足太阴脾经的大包穴和章门穴以及背部的脾俞、胃俞等,促进胃、肠蠕动,还可以调节脊柱两侧肌肉、韧带的张力和刺激内脏神经,对五脏六腑尤其是脾胃的功能有促进作用。

(2)两手上托下按的过程中,利于脾的升清功能和胃的降浊功能,改善人体消化、吸收能力。

(3)两掌上下对拉,使脊柱两侧肌肉向反方向用力,椎体两侧形成上下相对运动,增强了脊柱的灵活性与稳定性,利于防治颈、肩疾病等。

(五)第四式:五劳七伤往后瞧(共三动)

1. 动作

动作一:两腿徐缓挺膝伸直;两肩下沉,两臂伸直,掌心朝后,指尖朝斜下伸出;目视前方(图6-34)。

动作二:上动不停,两臂外旋,上摆至体侧约45°,掌心朝斜后上方;同时,头向左后方转动,展肩扩胸;动作略停,保持伸拉;目视左斜后方(图6-35)。

动作三:松腰沉髋,身体重心缓缓下降,两腿膝关节弯曲;同时,头转正,两臂内旋,屈肘,两掌按于胯旁,掌心朝下,指尖朝前;目视前方(图6-36)。

　　　图6-34　　　　　　　　　　图6-35　　　　　　　　　　图6-36

右式动作同左式动作,唯左右相反(图6-37、图6-38)。

本式一左一右为一遍,共做三遍。

第三遍最后一动时,两腿膝关节弯曲;同时,头向前转正,两臂内旋,屈肘,两掌捧于小腹前,掌心朝上,指尖相对,间距约10厘米;目视前方(图6-39)。

　　　图6-37　　　　　　　　　　图6-38　　　　　　　　　　图6-39

2. 技术要点

(1)转头不转体,旋臂充分,转头用力适度,两臂于体侧伸拉拔长。

(2)动作二,成定势时,劲在夹脊,意气贯于指间。

(3)动作三,两掌收回按于胯旁时,两肩胛骨微外开,命门穴微后凸,脊柱竖直,保持头顶悬。

3. 呼吸方法

动作一、动作二吸气,动作三呼气,在动作二即将形成定势前开始停闭呼吸至定势结束。

4. 意念活动

(1)动作一意念在肩井穴。

(2)动作二意念在大椎穴。

(3)动作三意念在丹田。

5. 易犯错误与纠正方法

(1)转头时上体后仰,旋臂不充分或转头速度过快。注意后顶虚领,下颌内收,尽量旋臂,缓慢转头,做到旋臂与转头协调一致。

(2)转头时上体转动,两臂旋至体后。注意要立身中正、胸部保持正对前方,两臂外旋侧伸不超过体侧。

6. 功理与作用

(1)两臂外旋、展肩扩胸动作,有利于打开手三阴经和任脉,挤压手三阳经和督脉;两臂内旋时,肩胛微开、命门后凸动作,则有利于打开手三阳经和督脉,挤压手三阴经和任脉,并刺激背部腧穴、夹脊等穴位。这种阴阳经交替开合,能发动全身经络气机、协调一身阴阳、调节五脏六腑功能。

(2)转头后瞧时,可刺激颈部大椎穴,牵拉两侧颈动脉,改善脑部供血,增强颈、项、背部肌肉力量,缓解视疲劳和防治老年痴呆、颈椎疾病等。

(六)第五式:摇头摆尾去心火(共八动)

1. 动作

动作一:接"五劳七伤往后瞧"。身体重心左移;右脚向右开步站立,两脚间距约三脚宽,两腿膝关节自然伸直;同时,两掌上托至胸高时,两臂内旋,两掌翻转向上分托至头斜上方,肘关节微屈,掌心斜朝上,指尖相对;目视前方(图6-40)。

动作二:上动不停,身体重心下降,两腿徐缓屈膝下蹲成马步;同时,两臂从两侧下落,肘关节弯曲,两掌指扶于膝关节上方,手腕松沉,掌指斜朝前;目视前方(图6-41)。

动作三:上动不停,身体重心稍起;目视前方(图6-42)。

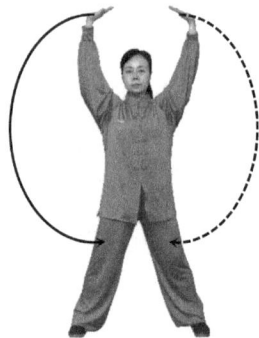  

图6-40　　　　　　　　图6-41　　　　　　　　图6-42

　　动作四：上动不停，身体重心右移，右腿膝关节弯曲，左腿膝关节稍屈；同时，上体右倾约45°；目视前方（图6－43）。

　　动作五：上动不停，身体重心稍下降成右偏马步状；同时，上体右转俯身；目视右脚尖（图6－44）。

　　动作六：上动不停，身体重心左移成左偏马步状；同时，上体保持俯身左旋至左斜前方；目视右脚跟（图6－45）。

图6－43　　　　　　　　　　图6－44　　　　　　　　　　图6－45

　　动作七：上动不停，身体重心稍右移，右髋向右侧送出，尾闾随之向右、向前、向左、向后旋转至正后方；同时，身体重心随尾闾转动移至两腿间，膝关节弯曲，胸微含，头向左、向后转至正后方；目视上方（图6－46）。

　　动作八：上动不停，下颌与尾闾同时内收；身体重心下降成马步；目视前方（图6－47）。

图6－46　　　　　　　　　　　　　　图6－47

右式动作同左式动作，唯左右相反（图6－48至图6－53）。

图6－48　　　　　　　　图6－49　　　　　　　　图6－50

图 6-51 图 6-52 图 6-53

本式一左一右为一遍,共做三遍。

做完三遍后,身体重心左移,右脚收回成开步站立,与肩同宽;同时,两掌从两侧向上至肩高时外旋翻转掌心朝上,随之两臂上举,掌心相对;目视前方(图 6-54)。

身体重心缓慢下降,两腿膝关节弯曲;同时,两臂屈肘,两掌经面前下按至小腹前,掌心朝下,指尖相对,相距约 10 厘米,拇指侧距腹部约 10 厘米;目视前方(图 6-55)。

图 6-54 图 6-55

2. 技术要点

(1)按动作说明首先要分清每一动的节分点,再求连接。

(2)摇头摆尾时以尾闾旋转为主,头部跟随,意、气、劲由尾闾上传至大椎。

(3)摇头时胸部微含、柔和缓慢;摆尾时要收腹,动作圆活连贯。

3. 呼吸方法

动作一、动作三、动作四、动作七吸气,动作二、动作五、动作六、动作八呼气。

4. 意念活动

(1)动作一至动作六,意念动作规格。

(2)动作七,尾闾转动和摇头时,意念在大椎和尾闾。

(3)动作八,身体重心下降时,意念在丹田。

5. 易犯错误与纠正方法

(1)摇头与摆尾配合不协调。注意向侧送胯时,头要同时侧摆,颈部放松,转脸目视上方,并随尾闾转动将头与尾闾同时旋转至正后方。

(2)做动作七、动作八摇头摆尾时挺胸展腹。注意沉胯、收腹,胸部微含。

(3)动作二下蹲成马步时,两掌撑按大腿或虎口掐按大腿。注意沉肩坐腕、掌根悬空、五指轻抚膝关节上方。

6. 功理与作用

(1)摇头摆尾可提升阳气、通经泄热、平衡阴阳、畅通任督二脉、调理脏腑、滋阴补肾,使肾水上济,促进心肾相交。同时,牵动脊髓和马尾神经,改善内脏神经功能,有助于提升卵巢、子宫、前列腺、膀胱等脏器的功能。

(2)脊柱的回环旋转,加之头、尾的牵拉转动,以及提肛收腹与膈肌的下降,对脊柱有很好的保健作用。同时,腹腔脏器得到挤压、按摩,促进了中焦、下焦的消化、排泄及运化功能。

(3)下蹲马步、左右移动重心,能活动髋关节,改善局部血液循环,可防治股骨头坏死等疾病,并可发展下肢力量,提高身体的稳定性。

(七)第六式:两手攀足固肾腰(共六动)

1. 动作

动作一:接"摇头摆尾去心火"式。两腿挺膝伸直站立;同时,两掌指尖转向前,两臂向前、向上举起,肘关节伸直,掌心朝前;目视前方(图 6 – 56)。

动作二:上动不停,两臂外旋,掌心相对,两掌随屈肘经脸前下按于胸前,掌心朝下,指尖相对;目视前方(图 6 – 57)。

动作三:上动不停,两臂外旋,两掌心朝上,掌指内旋经腋下向后反插;目视前方(图 6 – 58)。

图 6 – 56　　　　　　　　　图 6 – 57　　　　　　　　　图 6 – 58

动作四：上动不停，两掌心贴背，沿脊柱两侧向下摩运经臀部，目视前方；上体前俯，两掌继续沿腿后向下摩运至脚踝，再贴两脚外侧移至小脚趾处，随之旋腕扶于脚面，掌指朝前；目视下方（图6-59）。

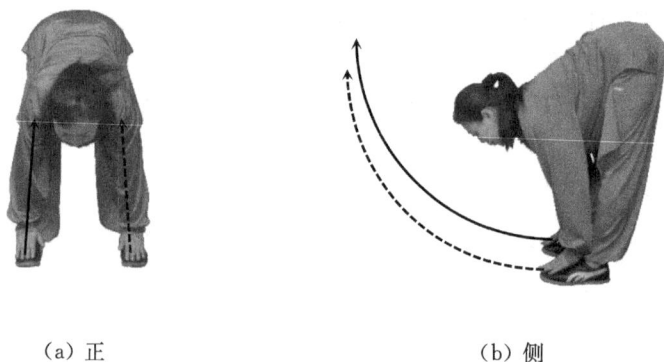

（a）正　　　　　　　　　　　　　（b）侧

图6-59

动作五：上动不停，两掌不动，塌腰、翘臀、微抬头；两掌沿地面向前、向上远伸，以臂带动上体抬至水平；目视前下方（图6-60）。

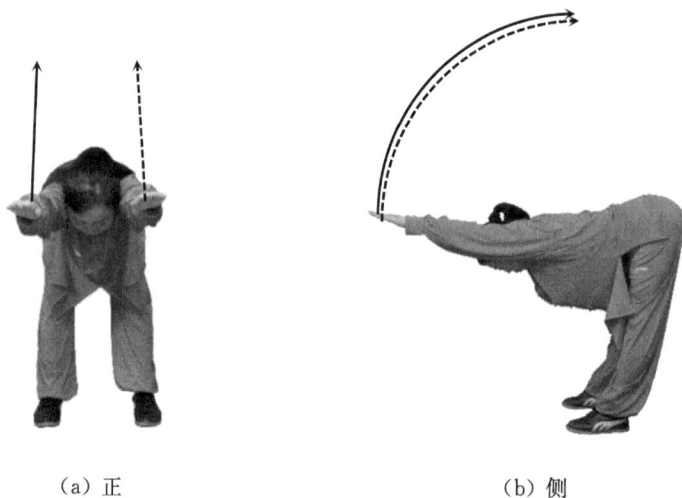

（a）正　　　　　　　　　　　　　（b）侧

图6-60

动作六：上动不停，两臂继续向前向上举至头上方，上体立起，两掌间距约与肩宽，掌心朝前，指尖朝上；目视前方（图6-61）。

本式一下一上为一遍，共做六遍。

做完六遍后，身体重心缓慢下降，两腿膝关节弯曲；同时，两臂向前下落，肘稍屈，两掌下按至小腹前，掌心朝下，掌指朝前；目视前方（图6-62）。

2. 技术要点

（1）向下俯身时，颈、肩、腰脊要节节放松，特别是命门穴要放松，呈弯弓状。

（2）向上起身时，以臂带身，尽量伸展肢体，其用力点在命门，成反弓状。

图 6 - 61 　　　　　　　　　　　　图 6 - 62

3. **呼吸方法**

动作一、动作三、动作四、动作七吸气;动作二、动作五呼气;动作六停闭呼吸(有一定基础的练习者可根据自己的呼吸频率,将两吸两呼并为一吸一呼,即起吸落呼)。

4. **意念活动**

(1)俯身时,意念脊柱,节节放松。

(2)上体抬起时,意念在命门,拉长腰脊。

5. **易犯错误与纠正方法**

(1)两掌经腋下反插向下摩运时提前俯身。注意上体直立,两掌摩运至臀部后再向下俯身。

(2)两掌向下摩运过程中屈膝。注意整个动作过程中始终保持挺膝。

(3)动作五,形成背伸时,身体各部位用力顺序错误。注意先塌腰,后翘臀、引腰、微抬头。

(4)上体抬起时,以身带臂。注意要以臂带身,两臂向前向上带动上体抬起。

6. **功理与作用**

(1)脊柱的前屈与背伸运动,能增强脊柱相关肌肉力量,提升脊柱的稳定性、柔韧性和延展性,可有效防治颈椎、腰椎部疾病。

(2)两掌摩运与俯身攀足,可循经按摩、牵拉膀胱经,刺激督脉、命门、肾上腺、肾俞等穴,加之起身时能有效牵拉足少阴肾经,可取得充盈经气、固肾壮腰的效果。

(八)第七式:攒拳怒目增气力(共五动)

1. **动作**

动作一:接"两手攀足固肾腰"式。身体重心右移;左脚向左开步,两腿徐缓屈膝下蹲成马步;同时,两手握固,收至腰间,拳眼朝上;目视前方(图 6 - 63)。

动作二:上动不停,左拳缓慢向前冲出,与肩同高,肘关节微屈,拳眼朝上,当肘关节离开肋部时,拳越握越紧,眼睛注视左拳并逐渐睁大;同时,脚趾抓地;目视左拳(图 6 - 64)。

动作三:上动不停,向右转腰顺肩;同时,左臂内旋,左拳变掌前伸,掌心朝外,掌指朝前;目视左掌(图6-65)。

　　图6-63　　　　　　　　　　　图6-64　　　　　　　　　　　图6-65

　　动作四:上动不停,左掌指向下、向右、向上、向左、再向下依次旋腕一周,随之握固,拳心朝上;同时,脚趾抓地;眼睛睁圆,目注掌动(图6-66)。

　　动作五:上动不停,左拳回收,随屈肘收至腰间,拳眼朝上;同时,脚趾放松;眼睛放松,目视前方(图6-67)。

　　　　图6-66　　　　　　　　　　　　　图6-67

　　右式动作同左式动作,唯左右相反(图6-68至图6-71)。

　　图6-68　　　　　　　　　　　图6-69　　　　　　　　　　　图6-70

本式一左一右为一遍,共做三遍。

做完三遍后,身体重心右移,左脚收回成并步站立;同时,两拳变掌,自然垂于体侧;目视前方(图6-72)。

图6-71   图6-72

2.技术要点

(1)攒拳时,前臂与肘要贴胁肋部前送和回收。

(2)攒拳、旋腕、握固,要注意眼随手动。

3.呼吸方法

动作一、动作五吸气;动作二、动作三呼气;动作四停闭呼吸。

4.意念活动

(1)冲拳时,意念在命门,两眼微带怒气。

(2)旋腕时,意念在刺激手三阴、三阳经原穴。

5.易犯错误与纠正方法

(1)冲拳时上体前俯、耸肩、掀肘。注意后顶虚领,沉肩坠肘,收髋敛臀,上体保持中正。

(2)旋腕动作掌指未绕立圆。注意旋腕时先屈腕使掌指朝下,再向里、向上、向下,以腕为轴立圆绕一周。

6.功理与作用

(1)通过怒目圆睁、摩运两胁、强力抓握、脚趾抓地、马步下蹲等动作,使全身肌肉、筋脉受到静力牵拉,刺激了手三阴、三阳经的原穴和足三阴、三阳经的井穴,加强了肝的藏血、疏泄功能,具有强筋壮骨、增强气力的作用。

(2)冲拳时,通过保持髋关节和头部不动,加强了脊柱的左右拧转,利于提升脊柱的旋转幅度和灵活性,对调节脊柱小关节位置、纠正紊乱、维护脊柱健康有促进作用。

(九)第八式:背后七颠百病消(共五动)

1.动作

动作一:接"攒拳怒目增气力"式。立项竖脊,后顶上领,沉肩垂肘,提肛收腹,掌指下伸;同时,脚跟提起,脚趾抓地;动作略停;目视前方(图6-73)。

动作二:脚跟徐缓下落,轻震地面;同时,咬牙、沉肩、舒臂,周身放松;目视前方(图 6－74)。

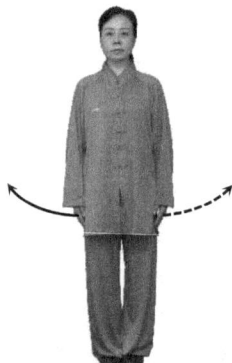

图 6－73　　　　　　　　　　　　　图 6－74

本式一起一落为一遍,共做七遍。

2. 技术要点

(1)提踵时,脚趾抓地,提肛收腹,后顶上领。

(2)脚跟下落时呼气,震脚刹那咬牙,周身放松。

3. 呼吸方法

动作一吸气,动作二呼气,在动作二形成定势前开始停闭呼吸。

4. 意念活动

(1)脚跟提起时意念在后顶。

(2)下落震地时意念周身放松,百病皆消。

5. 易犯错误与纠正方法

(1)平衡不稳。注意脚跟提起后脚趾用力抓地、后顶保持领劲,控制重心稳定。

(2)震脚用力过大。注意缓慢下落,脚跟轻震地面。

6. 功理与作用

(1)通过拉伸脊柱、回落震动,可挤压椎间盘、震动脊髓、调整脊柱小关节位置,加之收腹提肛和膈肌升降,强化了对内脏器官的挤压震动,具有促使内脏、关节复位,解除全身关节和肌肉紧张的作用。

(2)脚趾抓地和提踵,能刺激足三阴三阳经脉,发展小腿后群肌肉力量,提升人体平衡能力。

(十)收势(共三动)

1. 动作

动作一:接"背后七颠百病消"式。两臂内旋,两掌向两侧摆起约 45°,掌心朝后,掌指斜朝下;目视前方(图 6－75)。

动作二:上动不停,两臂外旋,两掌向前划弧至斜前方 45°时,屈肘合抱至小腹,两掌相叠(男性左手在内,女性右手在内);目视前下方,静养片刻(图 6－76)。

动作三:两臂自然下落,两掌指轻贴于腿外侧;目视前方(图6-77)。

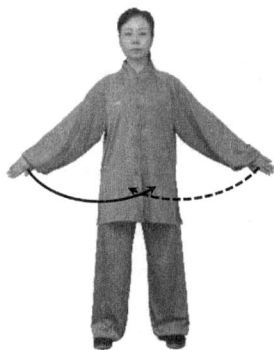
图6-75

图6-76

图6-77

2. 技术要点

体态安详,周身放松,气归丹田。

3. 呼吸方法

动作一吸气,动作二呼气,动作三自然呼吸。

4. 意念活动

意念在丹田。

5. 易犯错误与纠正方法

收功草率。要从思想上高度认识收功的重要性,按照收功程序和要求将气息归元。

6. 功理与作用

引气归元,进一步巩固练功效果,并逐步恢复到练功前的状态。

第七章 健身气功·易筋经

第一节 健身气功·易筋经基本常识

一、健身气功·易筋经功法源流

易筋经是我国古代流传下来的健身养生方法,在我国传统功法和民族体育发展中有着较大的影响,千百年来深受广大群众的欢迎。

易筋经源自我国古代导引术,历史悠久。据考证,导引是由原始社会的"巫舞"发展而来的,到春秋战国时期已为养生家所必习。《庄子刻意篇》中记载:"吹呴呼吸,吐故纳新,熊经鸟申(伸),为寿而已矣。此导引之士,养形之人,彭祖寿考者之所好也。"《汉书·艺文志》中也载有《黄帝杂子步引》《黄帝岐伯按摩》等有关导引的内容,说明汉代各类导引术曾兴盛一时。另外,湖南长沙马王堆汉墓出土的帛画《导引图》中有四十多幅各种姿势的导引动作图,分解图中姿势可以发现,现今流传的易筋经基本动作都能从中找到原型。这些都表明,易筋经源自中国传统文化。

易筋经为何人所创,历来众说纷纭。从现有文献看,大多认为易筋经、洗髓经和少林武术等为达摩所传。达摩原为南天竺国(南印度)人,公元526年来我国并最终到达嵩山少林寺,人称我国禅宗初祖。据《指月录》记载:"越九年,欲返天竺,命门人曰:'时将至矣,汝等盍言所得乎?'有道副对曰:'如我所见,不持文字,不离文字,而为道用。'祖曰:'汝得吾皮。'尼总持曰:'我今所解如庆喜见阿閦佛国,一见更不再见。'祖曰:'汝得吾肉。'道育曰:'四大本空,五阴非有。而我见处,无一法可得。'祖曰:'汝得吾骨。'最后,慧可礼拜,依位而立。祖曰:'汝得吾髓。'"另外,六朝时流传的《汉武帝内传》等小说中也载有东方朔"三千年一伐毛,三千年一洗髓"等神话,这大概就是"易筋经""洗髓经"名称的由来。

在易筋经流传中,少林寺僧侣起到了重要作用。根据史料记载,达摩所传禅宗主要以河南嵩山少林寺为主。由于禅宗的修持大多以静坐为主,坐久则气血瘀滞,须以武术、导引术来活动筋骨。因此,六朝至隋唐年间,在河南嵩山一带盛传武术及导引术。少林寺僧侣也借此来活动筋骨,习武健身,并在这个过程中不断对其进行修改、完善、补充,使之成为一种独特的习武健身方式。最终定名为"易筋经",并在习武僧侣中秘传。

自古以来,《易筋经》典籍与《洗髓经》并行流传于世,并有《伏气图说》《易筋经义》《少林拳术精义》等其他名称。从有关文献资料看,宋代托名"达摩"的《易筋经》著述非常多。当时,张君房奉旨编辑《道藏》,另外还有《云笈七签》《太平御览》等书问世,从而使各种导引术流行于社会,而且在民间广为流传"通过修炼可以'易发''易血'"的说法。由此推测,少林寺僧侣改编的易筋经不会晚于北宋。因为,宋代以后的导引类典籍大多夹杂"禅定""金丹"等说法,而流传下来的少林寺《易筋经》并没有此类文句。明代周履靖在《赤凤髓·食饮调护诀第十二》中记述:"一年易气,二年易血,三年易脉,四年易肉,五年易髓,六年易筋,七年易骨,八年易发,九年易形,即三万六千真神皆在身中,化为仙童。"文中的"易髓""易筋"应与《易筋经》有先后联系。另外,《易筋经》第一式图说即韦驮献杵。"韦驮"是佛教守护神,唐初才安于寺院中。因此,易筋经本为秦汉方仙道的导引术,被少林寺僧侣改编于唐宋年间,至明代开始流传于社会,应该没有疑义。

目前发现流传至今最早的易筋经十二式版本,载于清代咸丰八年潘蔚辑录的《内功图说》中。总的来看,传统易筋经侧重于从宗教、中医、阴阳五行学说等视角对功理、功法进行阐述,并且形成了不同流派,收录于不同的著作中。

健身气功·易筋经继承了传统易筋经十二式的精要,融科学性与普及性于一体,其格调古朴,蕴涵新意。各式动作是连贯的有机整体,动作注重伸筋拔骨,舒展连绵,刚柔相济;呼吸要求自然,动息相融;并以形导气,意随形走;易学易练,健身效果明显。

二、健身气功·易筋经功法特点

(一)动作舒展,伸筋拔骨

本功法中的每一式动作,不论是上肢、下肢还是躯干,都要求有较充分的屈伸、外展内收、扭转身体等运动,从而使人体的骨骼及大小关节在传统定势动作的基础上,尽可能地呈现多方位和广角度的活动。其目的就是要通过"拔骨"的运动达到"伸筋",牵拉人体各部位的大小肌群和筋膜,以及大小关节处的肌腱、韧带、关节囊等结缔组织,促进活动部位软组织的血液循环,改善软组织的营养代谢过程,提高肌肉、肌腱、韧带等软组织的柔韧性、灵活性和骨骼、关节、肌肉等组织的活动功能,达到强身健体的目的。

(二)柔和匀称,协调美观

本功法在传统易筋经十二定势动作的基础上进行了改编,增加了动作之间的连接,每式动作变化过程清晰、柔和。整套功法的运动方向,为前后、左右、上下;肢体运动的路线,为简单的直线和弧线;肢体运动的幅度,是以关节为轴的自然活动角度所呈现的身体活动范围;整套功法的动作速度,是匀速缓慢地移动身体或身体局部。动作力量上,要求肌肉相对放松,用力圆柔而轻盈,不使蛮力,不僵硬,刚柔相济。每式之间无繁杂和重复动作,便于中老年人学练。同时,对有的动作难度做了不同程度的要求,也适合青壮年习练。

本功法的动作要求上下肢与躯干之间,肢体与肢体之间的左右上下,以及肢体左右的对称与非对称,都应有机的整体协调运动,彼此相随,密切配合。因此,健身气功·易筋经呈现出动作舒展、连贯、柔畅、协调,动静相兼的特点。同时在精神内含的神韵下,给人以美的享受。

(三)注重脊柱的旋转屈伸

脊柱是人体的支柱,又称"脊梁",由椎骨、韧带、脊髓等组成,具有支持体重、运动、保护脊髓及其神经根的作用。神经系统是由位于颅腔和椎管里的脑和脊髓以及周围神经组成。神经系统控制和协调各个器官系统的活动,使人体成为一个有机整体,以适应内外环境的变化。因此,脊柱旋转屈伸的运动有利于对脊髓和神经根的刺激,以增强其控制和调节功能。本功法的主要运动形式是以腰为轴的脊柱旋转屈伸运动,如"九鬼拔马刀势"中的脊柱左右旋转屈伸动作,"打躬势"中椎骨节节拔伸前屈、卷曲如勾和脊柱节节放松的伸直动作,"掉尾势"中脊柱前屈并在反伸的状态下做侧屈、侧伸动作等。因此,本功法是通过脊柱的旋转屈伸运动以带动四肢、内脏的运动,在松静自然、形神合一中完成动作,达到健身、防病、延年益寿的目的。

三、健身气功·易筋经习练要领

(一)精神放松,形意合一

习练本功法要求精神放松,意识平静,不做任何附加的意念引导。通常不意守身体某个点或部位,而是要求意随形体动作的运动而变化。即在习练中,以调身为主,通过动作变化导引气的运行,做到意随形走,意气相随,从而起到健体养生的作用。同时,在某些动作中,需要适当地配合意识活动。如"韦驮献杵第三势"中双手上托时,要求用意念关注两掌;"摘星换斗势"中要求目视上掌,意存腰间命门处;"青龙探爪"时,要求意存掌心。而另外一些动作虽然不要求配合意存,但却要求配合形象的意识思维活动。如"三盘落地势"中下按、上托时,两掌如拿重物;"出爪亮翅势"中伸肩、撑掌时,两掌有排山之感;"倒拽九牛尾势"中拽拉时,两膀如拽牛尾;"打躬势"中脊椎屈伸时,应体会上体如"勾"一样的卷曲伸展运动。这些都要求意随形走,用意要轻,似有似无,切忌刻意、执着于意识。

(二)呼吸自然,贯穿始终

习练本功法时,要求呼吸自然、柔和、流畅,不喘不滞,以利于身心放松、心平气和及身体的协调运动。相反,若不采用自然呼吸,而执着于呼吸的深长绵绵、细柔缓缓,则会在与导引动作的匹配过程中产生"风""喘""气"三相,即呼吸中有声(风相),无声而鼻中涩滞(喘相),不声不滞而鼻翼扇动(气相)。这样,习练者不但不受益,反而会导致心烦意乱,动作难以松缓协调,影响健身效果。因此,习练本功法时,要以自然呼吸为主,动作与呼吸始终保持柔和协调的关系。

此外,在功法的某些环节中,也要主动配合动作进行自然呼或自然吸。如"韦驮献杵第三势"中双掌上托时自然吸气;"倒拽九牛尾势"中收臂拽拉时自然呼气;"九鬼拔马刀势"中展臂扩胸时自然吸气,松肩收臂时自然呼气,含胸合臂时自然呼气,起身开臂时自然吸气;"出爪亮翅势"中两掌前推时自然呼气;等等。因为人体胸廓会随着这些动作的变化而扩张或缩小,吸气时胸廓会扩张,呼气时胸廓会缩小,因此,习练本功法时,应配合动作,随胸廓的扩张或缩小而自然吸气或呼气。

(三)刚柔相济,虚实相兼

本功法动作有刚有柔,且刚与柔是不断相互转化的;有张有弛,有沉有轻,是阴阳对立统一的辩证关系。如"倒拽九牛尾势"中,双臂内收旋转逐渐拽拉至止点是刚,为实;随后身体以腰转动带动两臂伸展至下次收臂拽拉前是柔,为虚。又如"出爪亮翅势"中,双掌立于胸前呈扩胸展肩时,肌肉收缩的张力增大为刚,是实;当松肩伸臂时,两臂肌肉等张收缩,上肢是放松的,为柔;两臂伸至顶端,外撑有重如排山之感时,肌肉张力再次增大为刚,是实。这些动作均要求习练者在用力之后适当放松,松柔之后尚需适当有刚,这样动作就不会出现机械、僵硬或疲软无力的松弛状况。

因此,习练本功法时,应力求虚实适宜,刚柔相济。要有刚和柔、虚与实之分,但习练动作不能绝对的刚或柔,应做到刚与柔、虚与实的协调配合,即刚中含柔、柔中寓刚。否则,用力过"刚",则会出现拙力、僵力,以致影响呼吸,破坏宁静的心境;动作过"柔",则会出现疲软、松懈,起不到良好的健身作用。

(四)循序渐进,个别动作配合发音

习练本功法时,不同年龄、不同体质、不同健康状况、不同身体条件的练习者,可以根据自己的实际情况灵活地选择各式动作的活动幅度或姿势,如"三盘落地势"中屈膝下蹲的幅度、"卧虎扑食

势"中十指是否着地姿势的选择等。习练时,还应遵循由易到难、由浅到深、循序渐进的原则。

　　另外,本功法在练习某些特定动作的过程中要求呼气时发音(但不需出声)。如"三盘落地势"中的身体下蹲、两掌下按时,要求配合动作口吐"嗨"音,目的是为了下蹲时气能下沉至丹田,而不因下蹲造成下肢紧张,引起气上逆至头部;同时口吐"嗨"音,气沉丹田,可以起到强肾、壮丹田的作用。因此,在该式动作中要求配合吐音、呼气,并注意口型,吐"嗨"音口微张,音从喉发出,上唇着力压于龈交穴,下唇松,不着力于承浆穴。这是本法中调息的特别之处。

第二节　健身气功·易筋经动作说明

一、手型、步型

(一)基本手型

1. 握固

大拇指抵掐无名指根节,其余四指屈拢收于掌心(图 7 - 1)。

2. 荷叶掌

五指伸直,张开(图 7 - 2)。

3. 柳叶掌

五指伸直,并拢(图 7 - 3)。

图 7 - 1　　　　　　　　　　　图 7 - 2　　　　　　　　　　　图 7 - 3

4. 龙爪

五指伸直、分开,拇指、食指、无名指、小指内收(图 7 - 4)。

5. 虎爪

五指分开,虎口撑圆,第一、二指关节弯曲内扣(图 7 - 5)。

图 7 - 4　　　　　　　　　　　　　　　　图 7 - 5

(二)基本步型

1. 弓步

两腿前后分开一大步,横向之间保持一定宽度,前腿屈膝前弓,大腿斜向地面,膝与脚尖上下相对,脚尖微内扣;后腿自然伸直,脚跟蹬地,脚尖微内扣,全脚掌着地(图 7－6)。

2. 丁步

两脚左右分开,间距 10～20 厘米。两腿屈膝下蹲,前腿脚跟提起,脚尖着地,虚点地面,置于后脚足弓处;后腿全脚掌着地踏实(图 7－7)。

3. 马步

开步站立,两脚间距约为本人脚长的 2～3 倍,屈膝半蹲,大腿略高于水平(图 7－8)。

图 7－6　　　　　　　　　图 7－7　　　　　　　　　图 7－8

二、动作图解

(一)预备势

1. 动作

两脚并拢站立,两手自然垂于体侧;下颏微收,百会①虚领,唇齿合拢,舌自然平贴于上腭;目视前方(图 7－9)。

图 7－9　　　　　　　　　　图 7－10

2. 动作要点

全身放松,身体中正,呼吸自然,目光内含,心平气和。

3. 易犯错误

手脚摆站不自然,杂念较多。

---

① 百会:两耳尖连线与头部正中线之交点处。

4．纠正方法

调息数次，逐渐进入练功状态。

5．功理与作用

宁静心神，调整呼吸，内安五脏，端正身形。

(二)第一式:韦驮献杵第一势

1．动作

动作一:左脚向左侧开半步，约与肩同宽，两膝微屈，成开立姿势;两手自然垂于体侧(图7-10)。

动作二:两臂自体侧向前抬至前平举，掌心相对，指尖向前(图7-11)。

　　　　(a) 正　　　　　　　　　　(b) 侧

图 7-11

　动作三:两臂屈肘，自然回收，指尖向斜前上方约30°，两掌合于胸前，掌根与膻中穴①同高，虚腋;目视前下方(图7-12)。动作稍停。

　　　　(a) 正　　　　　　　　　　(b) 侧

图 7-12

2．动作要点

(1)松肩虚腋。

---

① 膻中穴:在胸前部，两乳头连线间的中点，一般多平齐第五胸肋关节的高度。

(2)两掌合于胸前,应稍停片刻,以达气定神敛之功效。

3. 易犯错误

两掌内收胸前时,或耸肩抬肘或松肩坠肘。

4. 纠正方法

动作自然放松,注意调整幅度,应虚腋如夹鸡蛋。

5. 功理与作用

(1)古人云:"神住气自回。"通过神敛和两掌相合的动作,可起到气定神敛、均衡身体左右气机的作用。

(2)可改善神经、体液调节功能,有助于血液循环,消除疲劳。

(三)第二式:韦驮献杵第二势

1. 动作

动作一:接上式。两肘抬起,两掌伸平,手指相对,掌心向下,掌、臂约与肩呈水平(图7-13)。

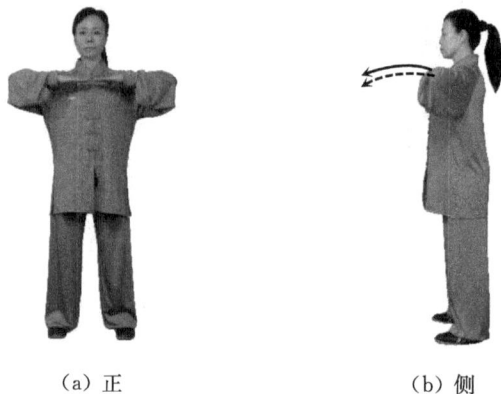

（a）正　　　　　　　　　　　（b）侧

图 7-13

动作二:两掌向前伸展,掌心向下,指尖向前(图7-14)。

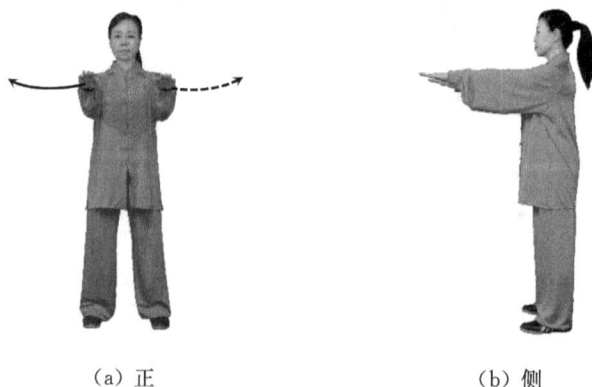

（a）正　　　　　　　　　　　（b）侧

图 7-14

动作三:两臂向左右分开至侧平举,掌心向下,指尖向外(图7-15)。

动作四:五指自然并拢,坐腕立掌;目视前下方(图7-16)。

图 7 - 15　　　　　　　　　　　　　　　　图 7 - 16

2．**动作要点**

(1)两掌外撑,力在掌根。

(2)坐腕立掌时,脚趾抓地。

(3)自然呼吸,气定神敛。

3．**易犯错误**

两臂侧举时不呈水平状。

4．**纠正方法**

两臂侧平举时自然伸直,与肩同高。

5．**功理与作用**

(1)通过伸展上肢和立掌外撑的动作导引,起到梳理上肢等经络的作用,并具有调练心、肺之气,改善呼吸功能及气血运行的作用。

(2)可提高肩、臂的肌肉力量,有助于改善肩关节的活动功能。

(四)第三式:韦驮献杵第三势

1．**动作**

动作一:接上式。松腕,同时两臂向前平举内收至胸前平屈,掌心向下,掌与胸相距约一拳;目视前下方(图 7 - 17)。

动作二:两掌同时内旋,翻掌至耳垂下,掌心向上,虎口相对,两肘外展,约与肩平(图 7 - 18)。

图 7 - 17　　　　　　　　　　　　　　　图 7 - 18

动作三:身体重心前移至前脚掌支撑,提踵;同时,两掌上托至头顶,掌心向上,展肩伸肘;微收下颏,舌抵上腭,咬紧牙关(图7-19)。

　　(a) 正　　　　　　　　　(b) 侧

图 7-19

动作四:静立片刻。

2. 动作要点

(1)两掌上托时,前脚掌支撑,力达四肢,下沉上托,脊柱竖直,同时身体重心稍前移。

(2)年老或体弱者可自行调整两脚提踵的高度。

(3)上托时,意念通过"天门"①关注两掌,目视前下方,自然呼吸。

3. 易犯错误

(1)两掌上托时,屈肘。

(2)抬头,目视上方。

4. 纠正方法

(1)两掌上托时,伸肘,两臂夹耳。

(2)上托时强调的是意注两掌,而不是目视两掌。

5. 功理与作用

(1)通过上肢撑举和下肢提踵的动作导引,可调理上、中、下三焦②之气,并且将三焦及手足三阴五脏之气全部发动。

(2)可改善肩关节活动功能及提高上、下肢的肌肉力量,促进全身血液循环。

(五)第四式:摘星换斗势

1. 左摘星换斗势

动作一:接上式。两脚跟缓缓落地;同时,两手握拳,拳心向外,两臂下落至侧上举(图7-20)。随后两拳缓缓伸开变掌,掌心斜向下,全身放松;目视前下方(图7-21)。身体左转;屈膝;同

---

①　天门,即囟(xìn)门,婴儿头顶骨未合缝的地方,在头顶的前部中央。

②　三焦:为六腑之一,是上焦、中焦、下焦的合称,纵贯于人体的上、中、下三部,有总领五脏六腑经络、内外、上下之气的功能,五脏六腑的气化功能都是通过三焦来实现的。

时,右臂上举经体前下摆至左髋关节外侧"摘星",右掌自然张开;左臂经体侧下摆至体后,左手背轻贴命门;目视右掌(图7-22、图7-23、图7-24)。

图7-20　　　　　　图7-21　　　　　　图7-22　　　　　　图7-23

(a) 正　　　　　　(b) 侧

图7-24

动作二:直膝,身体转正;同时,右手经体前向额上摆至头顶右上方,松腕,肘微屈,掌心向下,手指向左,中指尖垂直于肩髃穴[①];左手背轻贴命门,意注命门;右臂上摆时眼随手走,定势后目视掌心(图7-25)。静立片刻,然后两臂向体侧自然伸展(图7-26)。

图7-25　　　　　　　　　　　图7-26

① 肩髃穴:在臂的上端,位于肩胛骨峰与肱骨大结之间的凹陷处。

2．右摘星换斗势

右摘星换斗势与左摘星换斗势动作相同,唯方向相反(图 7 - 27、图 7 - 28)。

图 7 - 27

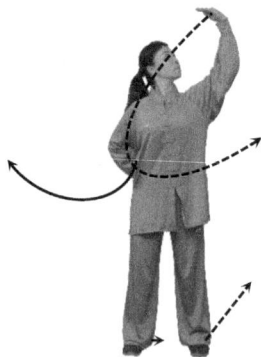

图 7 - 28

3．动作要点

(1)转身以腰带肩,以肩带臂。

(2)目视掌心,意注命门,自然呼吸。

(3)颈、肩病患者,动作幅度的大小可灵活掌握。

4．易犯错误

(1)目上视时挺腹。

(2)左、右臂动作不协调,不到位。

5．纠正方法

(1)目上视时,注意松腰、收腹。

(2)自然放松,以腰带动。

6．功理与作用

(1)通过本势阳掌转阴掌(掌心向下)的动作导引,目视掌心,意存腰间命门,将发动的真气收敛,下沉入腰间两肾及命门,可达到壮腰健肾、延缓衰老的功效。

(2)可增强颈、肩、腰等部位的活动功能。

(六)第五式:倒拽九牛尾势

1．右倒拽九牛尾势

动作一:接上式。双膝微屈,身体重心右移,左脚向左侧后方约45°撤步;右脚跟内转,右腿屈膝成右弓步;同时,左手内旋,向前、向下划弧后伸,小指到拇指逐个相握成拳,拳心向上;右手向前上方划弧,伸至与肩平时,小指到拇指逐个相握成拳,拳心向上,稍高于肩;目视右拳(图 7 - 29)。

动作二:身体重心后移,左膝微屈;腰稍右转,以腰带肩,以肩带臂;右臂外旋,左臂内旋,屈肘内收;目视右拳(图 7 - 30)。

图 7 - 29　　　　　　　　　　　　　　　图 7 - 30

动作三：身体重心前移，屈膝成弓步，腰稍左转，以腰带肩，以肩带臂，两臂放松前后伸展；目视右拳(图 7 - 31)。

重复动作二、动作三 3 遍。

动作四：身体重心前移至右脚，左脚收回，右脚尖转正，成开立姿势；同时，两臂自然垂于体侧；目视前下方(图 7 - 32)。

图 7 - 31　　　　　　　　　　　　　　　图 7 - 32

2. 左倒拽九牛尾势

左倒拽九牛尾势与右倒拽九牛尾势动作、次数相同，唯方向相反(图 7 - 33、图 7 - 34、图 7 - 35)。

图 7 - 33　　　　　　　图 7 - 34　　　　　　　图 7 - 35

3. 动作要点

(1)以腰带肩,以肩带臂,力贯双膀。

(2)腹部放松,目视拳心。

(3)前后拉伸,松紧适宜,并与腰的旋转紧密配合。

(4)后退步时,注意掌握重心,身体平稳。

4. 易犯错误

(1)两臂屈拽用力僵硬。

(2)两臂旋拧不够。

5. 纠正方法

(1)两臂放松,动作自然。

(2)旋拧两臂时,注意拳心向外。

6. 功理与作用

(1)通过腰的扭动,带动肩胛活动,可刺激背部夹脊①、肺俞②、心俞③等穴,达到疏通夹脊和调练心肺之作用。

(2)通过四肢上下协调活动,可改善软组织血液循环,提高四肢肌肉力量及活动功能。

(七)第六式:出爪亮翅势

1. 动作

动作一:接上式。身体重心移至左脚,右脚收回,成开立姿势;同时,右臂外旋,左臂内旋,摆至侧平举,两掌心向前,环抱至体前,随之两臂内收,两手变柳叶掌立于云门穴④前,掌心相对,指尖向上;目视前下方(图7－36、图7－37、图7－38)。

动作二:展肩扩胸,然后松肩,两臂缓缓前伸,并逐渐转掌心向前,成荷叶掌,指尖向上;瞪目(图7－39)。

图7－36

(a) 正

(b) 侧

图7－37

---

①　夹脊:为道家丹门术语。两肩胛辅夹其脊,形成一夹道,因名夹脊。

②　肺俞:在背上部,身柱穴(第三与第四胸椎棘突之间凹陷处)的外侧一寸五分处。

③　心俞:在背中部,神道穴(第五与第六胸椎棘突之间凹陷处)的外侧一寸五分处。

④　云门穴:在锁骨之下,肩胛骨喙突内方的凹陷处。

图 7 - 38　　　　　　　　　（a）正　　　　　　　　　　（b）侧

图 7 - 39

动作三：松腕，屈肘，收臂，立柳叶掌于云门穴；目视前下方（图 7 - 40、图 7 - 41）。重复动作二、动作三 3～7 遍。

（a）正　　　　　（b）侧　　　　　　　　　　　　图 7 - 41

图 7 - 40

2. 动作要点

（1）出掌时身体正直，瞪眼怒目，同时两掌运用内劲前伸，先轻如推窗，后重如排山；收掌时如海水还潮。

（2）出掌时为荷叶掌，收掌于云门穴时为柳叶掌。

（3）收掌时自然吸气，推掌时自然呼气。

3. 易犯错误

（1）扩胸展肩不充分。

（2）两掌前推时，不用内劲，而是用力。

（3）呼吸不自然，强呼强吸。

4. 纠正方法

（1）出掌前，肩胛内收。

（2）两掌向前如推窗、排山。

（3）按照"推呼收吸"的规律练习。

5．功理与作用

(1)中医认为"肺主气,司呼吸"。通过伸臂推掌、屈臂收掌、展肩扩胸的动作导引,可反复启闭云门、中府①等穴,促进自然之清气与人体之真气在胸中交汇融合,达到改善呼吸功能及全身气血运行的作用。

(2)可提高胸背部及上肢肌肉力量。

(八)第七式：九鬼拔马刀势

1．右九鬼拔马刀势

动作一:接上式。躯干右转。同时,右手外旋,掌心向上;左手内旋,掌心向下(图7-42)。随后右手由胸前内收经右腋下后伸,掌心向外;同时,左手由胸前伸至前上方,掌心向外(图7-43)。躯干稍左转;同时,右手经体侧向前上摆至头前上方后屈肘,由后向左绕头半周,掌心掩耳;左手经体左侧下摆至左后,屈肘,手背贴于脊柱,掌心向后,指尖向上;头右转,右手中指按压耳郭,手掌扶按玉枕②;目随右手动,定势后视左后方(图7-44、图7-45)。

(a) 正　　　　　　　　　(b) 侧

图 7-42

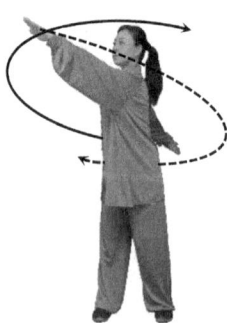

图 7-43

图 7-44

---

① 中府:在云门下一寸六分,乳上三肋间。

② 玉枕穴:在头后部,当脑户穴(枕外隆凸上缘)的外侧一寸五分处。

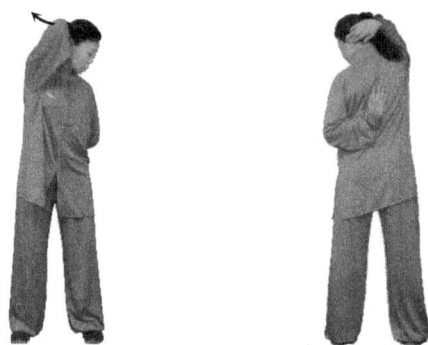

（a）正　　　　　　　（b）侧

图 7 - 45

　　动作二：身体右转，展臂扩胸；目视右上方，动作稍停（图 7 - 46）。
　　动作三：屈膝；同时，上体左转，右臂内收，含胸；左手沿脊柱尽量上推；目视右脚跟，动作稍停（图 7 - 47）。重复动作二、动作三 3 遍。

　　　　　　　　　　　　（a）正　　　　　　　　　　　　　（b）侧

图 7 - 46　　　　　　　　　　　图 7 - 47

　　动作四：直膝，身体转正；右手向上经头顶上方向下至侧平举，同时，左手经体侧向上至侧平举，两掌心向下；目视前下方（图 7 - 48）。

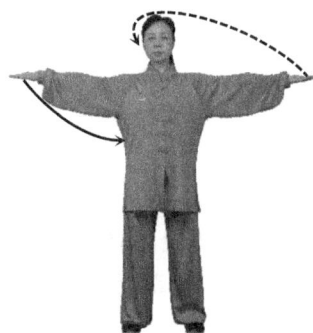

图 7 - 48

2. 左九鬼拔马刀势

左九鬼拔马刀势与右九鬼拔马刀势动作、次数相同；唯方向相反（图7-49、图7-50、图7-51）。

  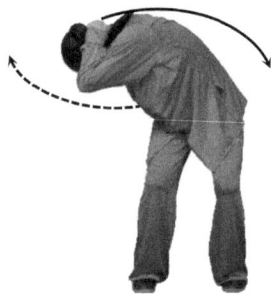

图7-49　　　　　　　　　图7-50　　　　　　　　　图7-51

3. 动作要点

(1)动作对拔拉伸，尽量用力；身体自然弯曲转动，协调一致。

(2)扩胸展臂时自然吸气，松肩合臂时自然呼气。

(3)两臂内合、上抬时自然呼气，起身展臂时自然吸气。

(4)高血压、颈椎病患者和年老体弱者，头部转动的角度应小，且轻缓。

4. 易犯错误

(1)屈膝合臂时，身后之臂放松。

(2)屈膝下蹲时，重心移至一侧。

(3)头部左右转动幅度过大。

5. 纠正方法

(1)合臂时，身后之臂主动上推。

(2)重心稳定，上下起伏。

(3)动作放松，切忌左右转动头部。

6. 功理与作用

(1)通过身体的扭曲、伸展等运动，使全身真气开、合、启、闭，脾胃得到摩动，肾得以强健，并具有疏通玉枕关、夹脊关等要穴的作用。

(2)可提高颈肩部、腰背部肌肉力量，有助于改善人体各关节的活动功能。

(九)第八式：三盘落地势

1. 动作

左脚向左侧开步，两脚距离约宽于肩，脚尖向前；目视前下方（图7-52）。

动作一：屈膝下蹲；同时，沉肩、坠肘，两掌逐渐用力下按至约与环跳穴①同高，两肘微屈，

_____

① 环跳穴：在大腿外侧面的上部，股骨大转子与骶裂孔连线的外三分之一与内三分之二交接处。

掌心向下,指尖向外;目视前下方(图 7－53)。同时,口吐"嗨"音,音吐尽时,舌尖向前轻抵上下牙之间,终止吐音。

图 7－52

图 7－53

动作二:翻转掌心向上,肘微屈,上托至侧平举;同时,缓缓起身直立;目视前方(图 7－54、图 7－55)。

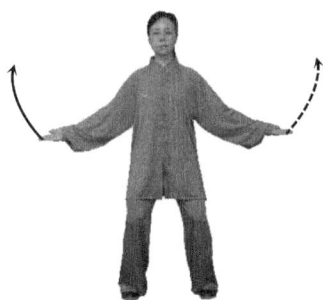

图 7－54

图 7－55

重复动作一、动作二 3 遍。第一遍微蹲(图 7－56);第二遍半蹲(图 7－57);第三遍全蹲(图 7－58)。

图 7－56

图 7－57

图 7－58

2. **动作要点**

(1)下蹲时,松腰、裹臀,两掌如负重物;起身时,两掌如托千斤重物。

(2)下蹲依次加大幅度。年老和体弱者下蹲深度可灵活掌握,年轻体健者可半蹲或全蹲。

(3)下蹲与起身时,上体始终保持正直,不应前俯或后仰。

(4)吐"嗨"音时,口微张,上唇着力压龈交穴,下唇松,不着力承浆穴,音从喉部发出。

(5)瞪眼闭口时,舌抵上腭,身体中正安舒。

3. **易犯错误**

(1)下蹲时,直臂下按。

(2)忽略口吐"嗨"音。

4. **纠正方法**

(1)下蹲按掌,要求屈肘,两掌水平下按。

(2)下蹲时注意口吐"嗨"音。

5. **功理与作用**

(1)通过下肢的屈伸活动,配合口吐"嗨"音,使体内真气在胸腹间相应地降、升,达到心肾相交、水火既济。

(2)可增强腰腹及下肢力量,起到壮丹田之气、强腰固肾的作用。

(十)第九式:青龙探爪势

1. **左青龙探爪势**

动作一:接上式。左脚收回半步,约与肩同宽(图7-59);两手握固,两臂屈肘内收至腰间,拳轮贴于章门穴①,拳心向上;目视前下方(图7-60)。然后右拳变掌,右臂伸直,经下向右侧外展,略低于肩,掌心向上;目随手动(图7-61、图7-62)。

图7-59　　　　　　　图7-60　　　　　　　图7-61　　　　　　　图7-62

动作二:右臂屈肘、屈腕,右掌变"龙爪",指尖向左,经下颏向身体左侧水平伸出,目随手动;躯干随之向左转约90°;目视右掌指所指方向(图7-63、图7-64)。

---

① 章门穴:腹侧部,在第十一肋游离端稍下方处。

图 7 - 63　　　　　　　　　　　　　　　图 7 - 64

动作三："右爪"变掌,随之身体左前屈,掌心向下按至左脚外侧;目视下方(图 7 - 65、图 7 - 66)。躯干由左前屈转至右前屈,并带动右手经左膝或左脚前划弧至右膝或右脚外侧,手臂外旋,掌心向前,握固;目随手动视下方(图 7 - 67、图 7 - 68)。

动作四:上体抬起,直立;右拳随上体抬起收于章门穴,拳心向上;目视前下方(图 7 - 69)。

图 7 - 65　　　　　　　　　　图 7 - 66　　　　　　　　　　图 7 - 67

图 7 - 68　　　　　　　　　　　　　图 7 - 69

2. 右青龙探爪势

右青龙探爪势与左青龙探爪势动作相同,唯方向相反(图 7 - 70 至图 7 - 74)。

图 7-70

图 7-71

图 7-72

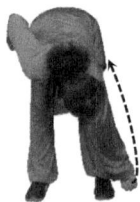

图 7-73

图 7-74

3. 动作要点

(1)伸臂探"爪",下按划弧,力注肩背,动作自然、协调,一气呵成。

(2)目随"爪"走,意存"爪"心。

(3)年老和体弱者前俯下按或划弧时,可根据自身状况调整幅度。

4. 易犯错误

(1)身体前俯时,动作过大,重心不稳,双膝弯曲。

(2)做"龙爪"时,五指弯曲。

5. 纠正方法

(1)前俯动作幅度适宜,直膝。

(2)五指伸直分开,拇指、食指、无名指、小指内收,力在"爪"心。

6. 功理与作用

(1)中医认为"两胁属肝""肝藏血,肾藏精",二者同源。通过转身、左右探爪及身体前屈,可使两胁交替松紧开合,达到疏肝理气、调畅情志的功效。

(2)可改善腰部及下肢肌肉的活动功能。

(十一)第十式:卧虎扑食势

1. 左卧虎扑食势

动作一:接上式。右脚尖内扣约45°,左脚收至右脚内侧成丁步;同时,身体左转约90°;两手握固于腰间章门穴不变;目随转体视左前方(图7-75)。

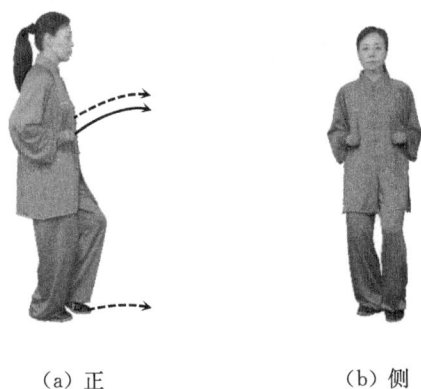

（a）正　　　　　　　　　　　（b）侧

图 7 - 75

　　动作二：左脚向前迈一大步，成左弓步；同时，两拳提至肩部云门穴，并内旋变"虎爪"，向前扑按，如虎扑食，肘稍屈；目视前方（图 7 - 76）。

（a）正　　　　　　　　　　　（b）侧

图 7 - 76

　　动作三：躯干由腰到胸逐节屈伸，重心随之前后适度移动；同时，两手随躯干屈伸向下、向后、向上、向前绕环一周（图 7 - 77、图 7 - 78、图 7 - 79）。随后上体下俯，两"爪"下按，十指着地；后腿屈膝，脚趾着地；前脚跟稍抬起；随后塌腰、挺胸、抬头、瞪目；动作稍停，目视前上方（图 7 - 80）。年老体弱者可俯身，两"爪"向前下按至左膝前两侧，顺势逐步塌腰、挺胸、抬头、瞪目。动作稍停。

图 7 - 77

图 7 - 78

图 7 - 79

动作四:起身,双手握固收于腰间章门穴;身体重心后移,左脚尖内扣约 135°;身体重心左移;同时,身体右转 180°,右脚收至左脚内侧成丁步(图 7-81)。

图 7-80　　　　　　　　　　　　　　　图 7-81

2. 右卧虎扑食势

右卧虎扑食势与左卧虎扑食势动作相同,唯方向相反(图 7-82、图 7-83)。

图 7-82　　　　　　　　　　　　　　图 7-83

3. 动作要点

(1)用躯干的蠕动带动双手前扑绕环。

(2)抬头、瞪目时,力达指尖,腰背部成反弓形。

(3)年老和体弱者可根据自身状况调整动作幅度。

4. 易犯错误

(1)俯身时耸肩,含胸,头晃动。

(2)做"虎爪"时,五指未屈或过屈。

5. 纠正方法

(1)躯干直立,目视前上方。

(2)五指末端弯曲,力在指尖。

6. 功理与作用

(1)中医认为"任脉①为阴脉之海",统领全身阴经之气。通过虎扑之势,身体的后仰,胸腹

———————————

① 任脉:奇经八脉之一。起始于中极之下的会阴部分,上至毛际而入腹内,沿前正中线到达咽喉,上行额下,循面部而进入目内。

的伸展,可使任脉得以疏伸及调养,同时可以调和手足三阴之气。

(2)改善腰腿肌肉活动功能,起到强健腰腿的作用。

(十二)第十一式:打躬势

1. 动作

动作一:接上式。起身,身体重心后移,随之身体转正;右脚尖内扣,脚尖向前,左脚收回,成开立姿势;同时,两手随身体左转放松,外旋,掌心向前,外展至侧平举后,变掌心向上,两臂屈肘,两掌掩耳,十指扶按枕部,指尖相对,以两手食指弹拨中指击打枕部 7 次(即鸣天鼓);目视前下方(图 7 - 84、图 7 - 85)。

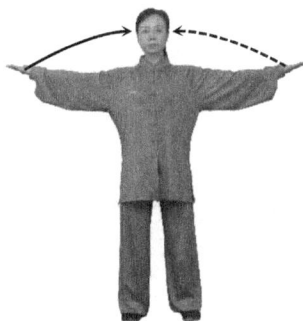

图 7 - 84　　　　　　　　　　　　　　　图 7 - 85

动作二:身体前俯由头经颈椎、胸椎、腰椎、骶椎,由上向下逐节缓缓牵引前屈,两腿伸直;目视脚尖,停留片刻(图 7 - 86)。

动作三:由骶椎至腰椎、胸椎、颈椎、头,由下向上依次缓缓逐节伸直后成直立;同时两掌掩耳,十指扶按枕部,指尖相对;目视前下方(图 7 - 87)。

(a)正　　　　　　　(b)侧

图 7 - 86　　　　　　　　　　　　　　　图 7 - 87

重复动作二、动作三 3 遍,逐渐加大身体前屈幅度,并稍停。第一遍前屈小于 90°,第二遍前屈约 90°,第三遍前屈大于 90°(图 7 - 88、图 7 - 89、图 7 - 90)。年老体弱者可分别前屈约 30°、约 45°、约 90°。

（a）正　　　　　　　　　　　　　（b）侧

图 7 - 88

（a）正　　　　　　　　　　　　　（b）侧

图 7 - 89

（a）正　　　　　　　　　　　　　（b）侧

图 7 - 90

2. **动作要点**

（1）体前屈时，直膝，两肘外展。

（2）体前屈时，脊柱自颈向前拔伸卷曲如勾；后展时，从尾椎向上逐节伸展。

（3）年老和体弱者可根据自身状况调整前屈的幅度。

3. **易犯错误**

体前屈和起身时，两腿弯曲，动作过快。

4．纠正方法

体松心静，身体缓缓前屈和起身，两腿伸直。

5．功理与作用

(1)中医认为"督脉①为阳脉之海"，总督一身阳经之气。通过头、颈、胸、腰、骶椎逐节牵引屈、伸，背部的督脉得到充分锻炼，可使全身经气发动，阳气充足，身体强健。

(2)可改善腰背及下肢的活动功能，强健腰腿。

(3)"鸣天鼓"有醒脑、聪耳、消除大脑疲劳功效。

(十三)第十二式：掉尾势

1．动作

接上式。起身直立后，两手猛然拔离开双耳(即拔耳)(图7-91)。手臂自然前伸，十指交叉相握，掌心向内(图7-92、图7-93)。屈肘，翻掌前伸，掌心向外(图7-94)。然后屈肘，转掌心向下内收于胸前；身体前屈塌腰、抬头，两手交叉缓缓下按；目视前方(图7-95、图7-96)。年老和体弱者身体前屈，抬头，两掌缓缓下按可至膝前。

图7-91

图7-92

图7-93

图7-94

图7-95

---

①　督脉：奇经八脉之一。起于胞中，下出会阴，经尾闾沿脊柱上行，至项后风池穴进入脑内，沿头部正中线经头顶、前额、鼻至龈交穴止。

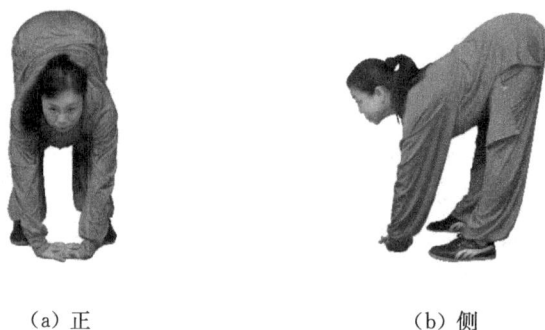

　　（a）正　　　　　　　　　　（b）侧

图 7 - 96

　　动作一：头向左后转，同时，臀向左前扭动；目视尾闾①（图 7 - 97）。

　　（a）正　　　　　　　　　　（b）侧

图 7 - 97

　　动作二：两手交叉不动，放松还原至体前屈（图 7 - 98）。
　　动作三：头向右后转，同时，臀向右前扭动；目视尾闾（图 7 - 99）。
　　动作四：两手交叉不动，放松还原至体前屈（图 7 - 100）。

　　图 7 - 98　　　　　　图 7 - 99　　　　　　图 7 - 100

　　重复动作一至动作四 3 遍。

2. 动作要点

（1）转头扭臀时，头与臀部做相向运动。

①　尾闾：在尾骶骨末节。

(2)高血压、颈椎病患者和年老体弱者,头部动作应小而轻缓。另外,应根据自身情况调整身体前屈和臀部扭动的幅度和次数。

(3)配合动作,自然呼吸,意识专一。

3. 易犯错误

摇头摆臀,交叉手及重心左右移动。

4. 纠正方法

交叉手下按固定不动,同时注意体会同侧肩与髋相合。

5. 功理与作用

(1)通过体前屈及抬头、掉尾的左右屈伸运动,可使任、督二脉及全身气脉在此前各式动作锻炼的基础上得以调和,练功后全身舒适、轻松。

(2)可强化腰背肌肉力量的锻炼,有助于改善脊柱各关节和肌肉的活动功能。

(十四)收势

1. 动作

动作一:接上式。两手松开,两臂外旋;上体缓缓直立;同时,两臂伸直外展成侧平举,掌心向上,随后两臂上举,肘微屈,掌心向下;目视前下方(图 7 - 101、图 7 - 102、图 7 - 103)。

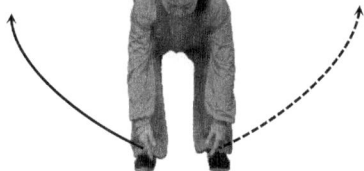  

图 7 - 101　　　　　　　　　　　　图 7 - 102　　　　　　　　　图 7 - 103

动作二:松肩,屈肘,两臂内收,两掌经头、面、胸前下引至腹部,掌心向下;目视前下方(图 7 - 104)。

重复动作一至动作二 3 遍。

第 3 遍时,两手在腹前变掌心向后稍停,然后两臂放松还原,自然垂于体侧;左脚收回,并拢站立;舌抵上腭;目视前方(图 7 - 105、图 7 - 106)。

2. 动作要点

(1)第一、二次双手下引至腹部以后,意念继续下引,经涌泉穴①入地;最后一次则意念随双手下引至腹部稍停。

(2)下引时,两臂匀速缓缓下行。

---

①　涌泉穴:在足底部,当对第二蹠骨间隙的中点凹陷处。

图 7 - 104　　　　　　　　图 7 - 105　　　　　　　图 7 - 106

3. **易犯错误**

两臂上举时仰头上视。

4. **纠正方法**

头正,目视前下方。

5. **功理与作用**

(1)通过上肢的上抱、下引动作,可引气回归于丹田。

(2)可起到调节放松全身肌肉、关节的作用。

参考文献

[1]《武术教材》编写组. 全国武术训练教材[M]. 北京：北京体育大学出版社，1991.

[2] 吴兆祥. 怎样练好武术[M]. 合肥：安徽科学技术出版社，1987.

[3] 张清瑞. 大学体育[M]. 西安：西安交通大学出版社，1995.

[4] 邹纪豪. 全国普通高等学校体育教材理论教程[M]. 修订版. 大连：大连理工大学出版社，1997.

[5] 全国体育学院教材委员会武术教材小组. 武术[M]. 北京：人民体育出版社，1991.

[6] 北京大学体育教研部. 太极拳·剑入门捷径[M]. 北京：北京体育大学出版社，1996.

[7] 武术馆（校）教材编写组. 全国武术馆（校）教材[M]. 北京：北京体育大学出版社，1997.

[8] 全国体育学院教材委员会. 体育史[M]. 北京：人民体育出版社，1989.

[9] 中华人民共和国体育运动委员会. 武术散手竞赛规则[M]. 北京：人民体育出版社，1996.

[10] 中华人民共和国体育运动委员会. 武术竞赛规则[M]. 北京：人民体育出版社，1991.